ソーシャルワークとアブダクション

未来志向の知がもたらす実践

須藤八千代
YACHIYO SUDO

図書出版
ヘウレーカ

ソーシャルワークとアブダクション——未来志向の知がもたらす実践　目次

第1章　過去志向の知から未来志向の知へ

最終講義

私はソーシャルワーク研究の狭隘《きょうあい》さに反発している人間だった。しかし反発という未熟なレベルからなかなか進化しなかった。それを深める糸口となったアブダクションと出会ったのは、私が12年という短い大学教員生活の最後の頃だった。その出会いの経過から始めよう。

私のようなキャリアの短い研究者にも最終講義という晴れやかな場があった。一緒に大学を去る数人の教員と、学生や関係者が広い教室に集まった。そのときの私の講義を録画したCDをもらったが、気恥ずかしくて10年近く私はそれを見なかった。

そこで私が話したテーマはソーシャルワークではなく、アブダクションと未来志向の知であった。それは自分の研究業績ではなく、少し前に読んだ論文で知って誰かに話したいテーマだった。明らかに一般にいわれる最終講義のイメージとは違っている。

「アリストテレスの論理学に支配される過去志向の知」などと論文の言葉を引き合いに出す私を、

聴衆は怪訝《けげん》に思ったに違いない。ただ私のワクワク感だけは伝わったらしく、会場からのいくつかの発言に応えた。それは最終の場ではなく私には始まりだった。

しかし大学を辞めた2013年からは、計画してきたいくつかの本に専念してきた。そしてようやく気恥ずかしさが薄れた今、その最終講義の映像を再生した。そこで語ったことをまず書いておこう。

1970年に、私は横浜市の社会福祉職としてソーシャルワーカーの仕事をスタートした。在職した31年間に、3区の福祉事務所と障害児施設で働いた。2001年に大学教員に転職するまで6年間、私は横浜の寿町という寄せ場（簡易宿泊所街）を所管する横浜市中福祉事務所で生活保護のケースワーカーだった。またその6年間に横浜市の国内留学制度に応募して、大学院修士課程で「障害児の母親」をテーマに論文を書いた。それがその後のジェンダー研究に繋がっている。

また大学の教員になってすぐに『ソーシャルワークの作業場──寿という街』（2004年）を出版した。それは1995年に寿町という「ドヤ街」に配属されたときから私のなかにあった構想だった。それまでにも私は研究者に誘われていくつかの共著を出し、また『歩く日──私のフィールドノート』（1995年）という単著も書いている。ソーシャルワークの経験は私に書くことを常に促した。また経験を書くことで、繰り返される日常の中で働き続けることができた。

私は『ソーシャルワークの作業場──寿という街』を、経験にしがみつく自分を手放すための区切りの作業と意味づけていた。その出版計画が実現した後は現場と決別して、大学の教員らしくアカデミズムの知、理論知をめざそうと考えていた。いつまでも現場や経験にこだわっていては大学の研究者になれないと感じていたからである。

実際、社会福祉学会の場で重鎮の研究者が私の方を見ながらそう語ったことがある。私もたくさんの本を読み、多くの知識に精通する研究者にあこがれていた。もちろん研究者として十分な成果を残すには遅すぎるうえに、自分の役割はソーシャルワーカーの経験を持つ教員というところにあると自覚していた。

その本の「あとがき」で『ホーボー――ホームレスの人たちの社会学』（１９９９年）の著者ネルス・アンダーソンを引き合いに出し、75歳から大学教師になった彼に倣って自分の個人史を生かしていくと私は書いている。日雇い労働者やホームレスとの経験はそのままシカゴ社会学に重なり、私に力を与えてくれた。

しかし大学の教員の席に座ると、本格的な研究者の証でもある博士の学位もなく50代になって大学に現れた私と、長い研究の人生を歩んできたほかの教員との格差は歴然としていた。

ただもともとアカデミズムの知、図書館の知へのあこがれが人一倍強かった私は、そんな大学の空気に抵抗感はなかった。愛知の瀬戸の森が眼下に広がる広い研究室、自由に買える本、大学の図書館、それに長い夏休み。最終講義の冒頭で、私はあらためて感謝の言葉を表明している。

哲学や社会学など、ソーシャルワークや社会福祉の本以外にも読みたいものが山ほどあった。いや現場で働いていた時代、私はソーシャルワークや社会福祉関係の本を読まなかった。夜の読書は昼間のソーシャルワーカーという労働とは別の、自由な個人的時間であると考えていたからである。

それだけでなく、ソーシャルワークの本に興味を持てず批判的であった。「これがソーシャルワーク理論ならば、私はソーシャルワーカーではない」と言い切るほど、翻訳されたテキストや大学の教員が書いた専門書に不満を持っていた。冒頭に書いたようにその狭隘さに苛立っていたからである。

しかし図らずも私はあこがれの大学に来た。これまでのエッセイに書いたソーシャルワークの経験を、アカデミズムのなかで認められる研究に昇華することが課題になった。そこで書いたのが尾崎新編『「現場」のちから――社会福祉実践における現場とは何か』（２００２年）の1章「ソーシャルワークの経験」だった。原稿は現場にいた最後の時期に書きあげ大学に移ってすぐに出版された。

そこには実践を理論への従属から解放したい、自分の31年に及ぶ「ソーシャルワークの経験」を飛び越えて研究は成立しないが経験主義に陥りたくない、そんな私のマグマが渦巻いている。その葛藤を理解し導いてくれる知を求めていた。

最終講義では、続いて『ソーシャルワーカーの仕事と生活――福祉の現場で働くということ』（２００９年）に書いた「ソーシャルワークを導く知」という論文を紹介している。この論文はピエール・ブルデュ『実践感覚Ⅰ』（２００1年）や塚本明子の『動く知フロネーシス――経験にひらかれた実践知』（２００8年）など、「経験にひらかれた」社会学や哲学などを味方につけようとして書いたものだ。

そのあとにH・ドレイファスやP・ベナーを理論的枠組みにして、他大学の教員と研究グループを組み、北海道の帯広をフィールドに、ソーシャルワーク実践の熟達、成長を実証的に研究した何本かの論文についても話した。この共同研究では研究者らしい方法論を経験することができた。

研究に対する予感

そんな前置きを話したあと、「最終講義」のテーマである「ソーシャルワークと未来志向の知」に入った。ともかく私は村川治彦の論文「経験を記述するための言語と論理」（『看護研究』45巻４号、２０１２年）と、その論文に出てくる米盛裕二の『アブダクション――仮説と発見の論理』（２００７年）について、誰かに話したくてたまらなかった。「未来志向の知」や「アブダクション」について講義するというより、自分が感じている研究に対する予感を伝えたかったのだ。

前にも書いたように『ソーシャルワークの作業場――寿という町』を最後にして、これからは現場とか経験という言葉を手放し、ソーシャルワークについてほかの研究者のように学術的な研究をしなければ、と考えて教員生活をスタートした。ソーシャルワークの研究者の口から出る、現場主義とか経験主義という言葉の否定的なニュアンスが、自分に向かってくる気がしていたからである。ただアメリカで学んだソーシャルワーク研究者のテキストや、大学に来て初めて手にした厚いソーシャルワークの文献を読めば読むほど自分の足元が定まらない気持ちになった。そのたびに自分の勉強不足と研究生活の短さを痛感した。

その一方で看護や教育、心理臨床などの周辺領域に関心を広げていた。そこに経験を支持してくれる知の権威を探していた。しかし経験に向かって現象学や質的研究から入るためには、高い山を登らなくてはならない。メルロ・ポンティやほかの人が行っているＭ－ＧＴＡ（修正版グランデッド・セオリー・アプローチ）から始めるには時間と能力に欠ける。

経験と研究の隙間に落ちてもがく私は、大学に入ったばかりの学生にソーシャルワークのダーティさを語りながら、興味深そうに身を起こす彼らを見つめていた。そして生まれた新たな悩みは、ソーシャルワークとは教えることができるものなのかということだった。

そんな悩みを抱えたまま短い教員生活の後半に入ったころ、『語りかける身体――看護ケアの現象学』の著者西村ユミから送られてきたのが、『看護研究』（45巻4号）「特集　経験を記述する――現象学と質的研究」だった。目次のページにこう書いてある。


「経験」とは何なのか。「事象」は何を指しているのか。「経験を理解する」とは何を理解することなのか。さまざまな個別の文脈をもつ「経験」に「記述」という営みから光を当て、経験の記述のもつ普遍性を探求していきます。


掲載されているすべての論文は看護における経験と記述をテーマにしている。そのなかで私は冒頭に書いたように、「経験を記述するための言語と論理」という村川治彦の論文とそこで知った未来志向の知とアブダクションによって、自分がソーシャルワーク研究で抱えてきた不確かさや悩みを振り切ることができると感じたのである。

それはどこか口に出すことにためらいを感じてきた経験こそが、ソーシャルワーク研究の核心であることを確信させてくれた。看護学がこのように経験とは何かを研究の柱にし、哲学がそれを支えているならば、ソーシャルワークもこれと同じ問いを立てることができるという確信であった。

村川論文の「はじめに」は、経験という日常語のずっと奥から書き始められている。『看護研究』という専門誌の論文とは思えない哲学的内容である。「西洋における知の源流と、知のヴェクトルの問題に付随する言語と論理の問題に立ち戻って考える必要があるのではないだろうか」（村川324）。私はここからすでにワクワクした。

さらに西村が「企画」に書いている「経験の理解」と「経験内容の理解」の違いとは、「ギリシア時代以来の人間の知の生成の二つの方向性」であり、プラクシス（実践）に基づく「未来志向の知」と、テオリア（理論）を希求する「過去志向の知」という二つの知の源流を示しているという。それを主観性、身体性、自然概念から考えようとしていた。

ここで村川は脚注で、哲学の家高洋の「理解」するということは、経験内容をそのまま再現することではなく、「理解する人における理解」「理解する人の歴史性や関心」を排除しないで生かすことだという見解を紹介している。これが「経験を理解する」ことと「経験内容を理解する」ことの二つの知のあり方を分かりやすくしてくれた。主観性がここにある。

また身体性については西村の「〈身体〉があるからこそ、世界との対話が可能となる」という言葉や、ギリシア哲学者の日下部吉信のいう西洋形而上学が「存在の真理を隠蔽してきた」反省から、「そういった根源概念である自然概念（ピュシス）の解明がなお可能ならば、それはその概念が自ら現われ出る現場を差し押さえる現象学的方法によって以外ではありえないだろう」という言葉を引用している（村川325）。「自ら現われる現場を差し押さえる」という表現は、私の経験感覚をつかむものであった。

こうして哲学を歴史的に遡れば遡るほど、味方につけたい知の力を得ることができた。村川の論文の「はじめに」では、さらに「東西の身体論の第一人者であった湯浅泰雄」の言葉が紹介されている。それは「ギリシア時代のプラクシス（実践、行動）に対するテオリア（理論、観察）の優位こそが、近代がもたらした問題の根源」であり、「日常的経験の立場から出発して科学的認識というもののあり方について考えてゆかなくてはならない」というものである（村川３２５）。

このように村川論文の「はじめに」は徹頭徹尾、哲学論である。これまで看護だけでなくソーシャルワークや教育、心理などは実践と理論、量的研究と質的研究、主観と客観、など人文科学の近代的思考をとりあげて右往左往してきた。その構図が研究だといわれると実践家は経験という言葉など口にする余地がなかった。経験は経験主義としてその場から引きずり降ろされてきた。

私は初めて知る哲学者の名前や言葉をなめるように読んでいった。看護研究誌でありながら「はじめに」には看護の文字はない。いわんや後でふれる社会福祉や心理臨床も出てこない。しかし明らかにそれら「プラクシス」を支える哲学がそこには見えていた。

二つの知

論文の次の第1節のタイトルは「『未来志向の知』としての『経験の理解』」である。ここで私は、大出晁が著した『知識革命の系譜学――古代オリエントから17世紀科学革命まで』（２００４年）に導かれた。門外漢の私が最終講義でアリストテレスやギリシア思想などを口にしたのは、もちろん教養を誇るためではない。およそソーシャルワークの領域で、このような知識観を振り返ることはない。私も村川論文に出会うまで「未来志向の知」「過去志向の知」という区分も知らず、アリストテレスまで遡って自分の理論的ジレンマを考えるとは思わなかった。ギリシア思想など記憶のかなたにあり、ソーシャルワークは目の前の日常にある。しかし私は日常からも村川論文からもいったん離れて、大出のこの本を読んだ。

大出は紀元前5世紀のギリシアに遡って、「人類はアリストテレスによる論証概念の提示によって、はじめて知識は一定の論理構造をもち、またそれによってこそ〈真の知識〉とよびうることを学んだ」という（大出１２０）。

またこの〈真の知識〉のイメージは「不変性・確実性を本質」とするだけでなく、「確実性指向に影響されて、将来の事態を予見するというよりはすでに発生した事態の説明を目標とする『根拠による論証』を重視するものであった」とする（大出 １１９）。これが過去志向の知である。「すでに起きた事象（経験）の内に潜む『普遍性』（本質）を追究する量的研究が基本であった」という知識観の前に私たちは立ってきた（村川３２７）。

私たちがその前にたたずんでいた〈真の知識〉について、大出は次のように書いている。

彼らが共通に抱いていた〈知識〉（epistēmē）のイメージはその不変性・確実性を本質とし、彼らはそれを日常的なはるかに脆弱な知識、彼らの言う「臆見」（doxa）から分離してその特質を明らかにするとともに、その獲得手段を探ることに努めた。その努力が最終的な段階に到達したのは、アリストテレスによる推論構造の解明とそれにもとづく〈論証〉概念の成立であったが、しかしこの論証概念はソクラテス－プラトンに由来する確実性指向に影響されて、将来の事態を予見するというよりはすでに発生した事態の説明を目標とする「根拠による論証」を重視するものであった（大出１１９）。

大出はこのアリストテレス以降の知識観を「正統的知識観」とよぶ。そしてこれに適合しない知識は非正統的知識として蔑視され、排除されたという。しかし人類は正統的知識だけでなく正統的知識を打破する新しい知識観も探ってきたと教える。それが過去志向の知に代わる未来志向の知である。この過去志向の知は「実践の学にはそぐわない」というのが、村川の論文のテーマである。私たちの前にあった普遍性、客観性、実証性という知の厚い壁は、ただ反発しているだけではびくともしなかったが、ギリシア時代や古代オリエントまで立ち戻ると、そこに光が差し込む穴が見えてくる。ソーシャルワークにおいても研究者とソーシャルワーカー、理論と実践の間に相互批判的な空気が流れていた。しかし正統的知識と非正統的知識、あるいは過去志向の知と未来志向の知と捉えることでそこによどんだ空気は一掃される。

大出はこの二つの知について、オリエントとギリシアの知識観の違いとして次のように説明する。「ギリシア人はオリエントのひとびととは異なり、事象の依って来る由縁に関心を抱いた」のであり、そのために「本質上過去を指向せざるをえなかった」。これに対して古代オリエントでは予言を重視したために未来指向になったという（大出82）。

また次のような対比もしている。「オリエントの知識の〈実用重視の未来指向と宗教との一体化〉に対し、ギリシア的知識の〈説明重視の過去指向と脱宗教化〉」という「鮮やかなコントラスト」である（大出83）。

このような紀元前5世紀末のこの二つの知とソーシャルワークをつなげる試みに、私はワクワクしたのである。正統なアカデミズムから外れていると、時にさげすむような場面もあったソーシャルワークの知を遡ることができたのは、村川論文と、大出晃の『知識革命の系譜学』のおかげである。

看護研究と未来志向の知

村川は「第1節『未来志向の知』としての『経験の理解』」で次のようにいう。

アリストテレスによって完成された「過去志向の知」の基礎としての論証概念は、17世紀の科学革命を経て「正統的知識」として受容され、人類の知のあり方を決定的に方向づけてきた。（村川　326）

それが看護研究の量的研究アプローチの優位性をもたらし、その一方で「現象を理解し、説明すること」や「対象の本質を探究する」という理論上位の思考に縛られてしまったという。しかし村川は

「実践の学としての看護研究」にはそぐわないのではないか、「看護研究の目的は『よりよい実践に寄与すること』にある」と考えた（村川３２７）。これはソーシャルワークにもそのまま当てはまる。

つづく「第2節『未来志向の知』における論理」で村川は、「未来志向の知」の思考の筋道として、演繹と帰納に続く「第三の論理」としてアブダクションを取り上げている。これこそ「未来志向の知」の論理だという。演繹と帰納という研究方法については目にしてきたが、アブダクションは知らなかった。正統的知識を形成する方法には演繹と帰納という二つがあるというレベルだった。したがって最終講義の場で私が話したのは、アブダクションを知ったという喜びのような感情にすぎなかった。しかし村川は「実践を重視する『未来志向の知』においては帰納と演繹とは異なるアブダクションという論理が必要である」という。また次のようにもいう。

（それが、）現在の経験から形式論理的に過去に遡ってそこに因果関係を見いだすのではなく、自ら熟慮してさまざまな仮説を考慮に入れ、その中から納得のいく仮説を生み出していく推論の方法としてのアブダクションなのである。（村川３２９）

私はこの記述がソーシャルワークのやってきた経験を、簡潔かつ的確に代弁していることに驚いた。これまで「ソーシャルワークとは何か」という問いから始まるたくさんの本を見てきた。それは常にソーシャルワークを理論と実践に二分し、普遍性、一般性をもつ理論をもとに実践は行われるとされた。あくまでも実践とは理論を現実に落とし込むものである。なぜなら理論が〈真の知識〉だからである。このような認識のもとでソーシャルワーカーは次のように説明される。

ソーシャルワークの実践を担うソーシャルワーカーは、一人の社会福祉専門職としての、あるいはみずからの支援活動の基礎となる学問を「社会福祉学」に置きます。そして、この社会福祉学の学びから得た専門的知識や技術を用いて、さまざまな生活問題を抱える人びとへの支援活動を行う専門職です。（空閑２０２１：48）

しかしソーシャルワークの経験は、このような論理構造になじまない。ソーシャルワーカーという人間の身体性と存在が抜け落ちているからである。ソーシャルワーカーとは、身体を持った一人の存在であり、そこで行われるソーシャルワークは「自ら熟慮しさまざまな仮説を考慮に入れ、その中から納得のいく仮説を生み出していく推論の方法としてのアブダクション」のもとに実践し行動するソーシャルワーカーによって実現する（村川３２９）。

私はこの実感を言葉にできず、普遍性、客観性、一般性、エビデンスという理論の正統性を否定することができなかった。その結果ソーシャルワークの経験は理論の後ろに隠れてしまった。社会福祉学の専門的知識や技術を用いていない実践は、ソーシャルワークとは言わないからである。

このように理論的に組み立てられた実践理論が長く前面に立つことになったのは、ソクラテス、プラトンそしてアリストテレスによって完成された「過去志向の知」が、「17世紀の科学革命を経て『正統的知識』として受容され、人類の知の在り方を決定的に方向づけてきた」からであることを私たちは教えられた（村川３２６）。

そして過去志向の知の正統性を前に、看護やソーシャルワークという実践科学と実践家たちは自信を失っていた。私もその一人である。一般性、客観性、さらには普遍性をもたらすデータ、モデル、システム、統計分析など量的研究が不得手でかつ納得できない私は、対抗軸として質的研究という方法論を模索した。

しかし村川は現象学やM－GTAのような質的研究も、未来に向けた実践ではなく過去の実践を説明したり分析したりする方法であり、根拠を示し論証する過去志向の知だと結論づけている。

このように知の系譜を明確にするだけでなく、それによってソーシャルワークや看護という実践の知を示してくれたことで、「正統的知識観」に対抗する「非正統的知識観」がはっきりとしてきた。

私が最終講義で思いのほかリラックスして話しているのは、「非正統的知識観」というもう一つの知識を手にして心にゆとりを感じていたからだろう。

さらに村川は「第３節『未来志向の知』の言語」で、「未来志向の知」という経験の理解が持つ言語研究を紹介している。言語学の客観主義的アプローチが、「日常生活で私たちが使用している非常に多くの意味を恣意的に排除している」こと、そして「日常経験を感性・身体性に基づいて主体的に解釈し、知識を構造化しながら、新たな経験や抽象的な事物を理解していく」認知意味論という新しい言語研究の領域を取り上げている（村川３３０）。

このアブダクションについて、近年、言語学者の今井むつみらが『言語の本質――ことばはどう生まれ、進化したか』（２０２３年）で、演繹推論、帰納推論に加えてアブダクション推論をとりあげている。そしてアブダクション推論について「不確かな状況、能力的な制約の下で、限られた情報でも、完全でないにしろそれなりに妥当な問題解決や予測を可能にしている」と述べている（今井244）。

これは言語研究の記述でありながらソーシャルワーク実践の現実を表している。一般化や概念化した言葉で、実践を伝え進めることはできないが、主観的で不確かな自分の言葉で考え予測し、実践は進められるからである。

村川は最後の「第4節『未来志向の知』としての『経験の記述』」で、ようやく看護、社会福祉、心理臨床に向けて、次のように「未来志向の知」を提案する。

（それは、）すでに起きた事象の内に潜む普遍的本質を追求するギリシア時代以来の「過去志向の知」が築き上げてきた方法論、つまり普遍性、客観性、一般性をあらかじめ担保する方法論とは異なる知のあり方である。（村川332）

また看護、社会福祉、心理臨床が共有することとして、次のようにもいう。

（つまり、）「未来志向の知」としての経験の記述における普遍性は、特定の方法論によって保証されるものではなく、あくまで実践を通じて実現される可能性として記述に「孕まれている」だけなのである。にもかかわらず未来においてのみ実現され得ることを、あらかじめ決定

された方法論によって保証しようとすると、必ずどこかに不合理さが露呈する。(村川 333)

ソーシャルワーカーが「過去志向の知」、つまり普遍性や一般性に対して感じてきた違和感は、この「不合理さ」にあったのである。そして最後に村川は、同じ体験を持つ実践家や研究者による実践の場での対話によって、実践の理解や検証が可能になると述べている。実践家と研究者が同じテーブルにつく対話の場こそが、新たな知をもたらすのである。

ソーシャルワークという未来志向の知

2022年、名古屋の母子生活支援施設の職員研修会の場で、私はあらためて過去志向の知と未来志向の知という言葉を考えていた。講師として招かれた母子生活支援施設「カサ・デ・サンタマリア」の元施設長宮下慧子が、フィリピン、カンボジア、インドネシア、ベトナムなどから日本に移住した母子の事例を紹介したときのことである。

施設に入る外国人の母子世帯には、それぞれの国の政治経済状況とその家族の抱える問題とが深く絡んでいる。ここに並べた国々は、それぞれ言語も文化も違うため、単に「外国人」という言葉でひとくくりにすることはできない。もちろん、文化だけが異なるわけではない。ジェンダーや性的志向、人種、あるいは階級など人間のまとうものは限りなく複雑である。

ソーシャルワークは、いま・ここで生きる人を相手に、目の前の現実の中で進められる。宮下は母子生活支援施設「カサ・デ・サンタマリア」に彼女たちが入所しているあいだに、どんな人にどのようなことをしたか、パワーポイントの画像を見せながら語った。

１例目のフィリピン人の女性は、元夫のＤＶ（ドメスティック・バイオレンス）からのがれて施設に緊急一時保護された。離婚調停がすむと並行して日本語習得プログラムも進められた。そのあと仕事をさがし職場との調整が進められ、一方で、子どもの教育については学校だけでなく施設内でも学習支援を行った。数年後、施設を出て公営住宅に暮らすようになっても、アフターケアとして生活の安定に向けて継続したケアが行われた。このような困難な状況から介入しその後の重要な課題を適切に援助し、かつ現在も生活の安定を見守っていた。

２例目のタイ国境の難民キャンプからアメリカに渡った経験もあるカンボジア人家族には、広汎性発達障害を持つ娘がいた。その高校生の娘の男友達の問題に絡む警察からの介入があり、その後、娘の男性関係を含むさまざまな問題が続いた。その対応のために、生活保護のケースワーカーや地域の民生委員、児童委員、学校だけでなく、グループホーム、就労移行支援事業所、職場、病院、難民支援協会などとつなぎ、この母子が地域で生活していくための「プラットホーム」が作られていった。日本社会で生きていくための社会的な資源が、支援する側に明確に認識されて有効に活用されていたのである。ソーシャルワークとはこれだと、あらためて教えてくれた。

３例目は、技能実習生として来日したベトナム人女性の事例だった。この事例を聞きながら、私は同様の事件が新聞で報道されていたことを思い出した。それはベトナム人実習生が自宅で孤立出産したものの、死体遺棄罪に問われ、懲役３か月、執行猶予２年の判決を受けた事件である（朝日新聞朝刊「死産双子遺棄有罪見直しか――ベトナム人実習生、自宅で孤立出産」2022年12月10日。2023年3月に最高裁で無罪)。

この事件の女性と同じように技能実習生として日本に来たベトナム人女性は来日直後に妊娠していることが判明し、中絶か帰国かを会社から要求されていた。パスポートが隠され強制的に帰国させられそうになった女性は、カトリックのベトナム人シスターに助けを求めた。多額の借金をして日本に来たのだから簡単に帰国できない。そしてシスターの紹介で母子生活支援施設「カサ・デ・サンタマリア」に併設していたシェルター「ミカエラ寮」に一時保護された。その後のおよそ半年のソーシャルワークの経過は、女性の意思を中心において確実なサポートが迅速に進められた。

女性は新聞記事の女性のように孤立しなかった。女性は「子どもは産みたい。それまでは日本で働きたい。産むときはベトナムに戻り、厳しい父親のもとでなく祖母を頼り、子どものいない叔母に託して再び日本に戻って働きたい」と自分の持つ計画を示した。実際に女性は出産の2か月前にベトナムに帰国し、産んでから2か月後に再来日して働いている。

妊娠、出産、一時帰国、再来日というこの重要な時間にソーシャルワークが対応している。シェルターとそこにいるベトナム人シスター、病院、日本カトリック難民移住移動者委員会、会社、労働組合、監理団体などとの交渉が重ねられ、その結果、確かな連携がつくられて、ベトナムに帰国し出産し再び日本で働きたいという女性の計画は実現した。

その多面的でダイナミックなネットワークの展開がパワーポイントの画像になって、講義の参加者に示された。ソーシャルワークの目標は女性の求める生き方によってつくられている。それをもとに社会的、法的制度を女性の立場から活用した。技能実習生であっても妊娠を理由にした解雇や強制的な帰国は技能実習法（二〇二四年に育成就労法に改正）に反する。また「妊娠等を理由とした技能実習生に対する不利益な取り扱いについて」という文書が出入国在留管理庁や厚生労働省からも出されている。

このような制度、政策についての認識を、関係者が共有できたことが問題解決の鍵である。ソーシャルワーカーとは、このような制度・政策に精通している人のことである。

来日直後に妊娠が判明したこの女性には会社から健康保険証が発行され、それを使って産婦人科の検査や併発した病気も治療した。このときすでに妊娠４か月になっていた。

施設職員と初めて産婦人科を受診したとき、医師から「中絶するか」と問われると、女性は「相手は自分の子ではないと否認しているが産む」と答えている。日本に来たばかりの21歳の技能実習生の女性が、クリニックでスタッフ全員の好奇の目に晒されながら、このように答えている場を見守るのもソーシャルワーカーである。

ソーシャルワークを導くのは、目の前に現れるさまざまな背景をもつ「新しい人」の生きていくことを支える知なのである。ソーシャルワークの「未来志向の知」は、ソーシャルワーカーが持っているのではなく、新たに出会う人間と、私たちが知らない世界が与えてくれる未知の知なのである。そのたびに私たちは新しい社会制度や政策、必要とされる機関や社会資源を把握し、かつ評価しながら活用する、まさに未来に歩を進める仕事である。根拠や論証を求める時間もなく、また正しいかそうでないかと二分することができない仕事である。

これまでこのような未婚の女性の妊娠は、中絶する方が賢明な選択だと周囲は考え、そう説得してきた。未婚だけでなく障害者や技能実習生に対しても同様だった。そこには社会的な規範とそれによるソーシャルワークのコントロールがあった。

しかし宮下が話した事例は違う。このソーシャルワークの未来志向の知を導いたのは、ベトナム人女性の知であり、また現在の日本の制度や法律の知でもある。このように「いま・ここに生きる」人間と共に動く知がソーシャルワークである。

看護についてフランス哲学の松葉祥一は次のようにいう。

> 日常生活において私たちが出会うさまざまな問題に取り組み、解決するのは看護学のような経験科学であり、哲学のような本質学ではない。看護師がケアするのは人間の本質ではなく、いま・ここに生きる事実としての人間なのである。（松葉 2011：21）

この看護学をソーシャルワーク研究に、看護師をソーシャルワーカーにそのまま置き替えても同じことがいえるだろう。「いま・ここに生きる事実」に立ち向かう看護やソーシャルワークのような経験科学を正統な場所に位置づけなければならない。

私はその研修の場にいて、「未来志向の知」と「過去志向の知」という知の二つの方向と、近代の知の枠組みから自由になることが、ソーシャルワークに求められているとあらためて実感した。

ソーシャルワークを導く知

『ソーシャルワーカーの仕事と生活――福祉の現場で働くということ』（2009年）には男女を交え21人のソーシャルワーカーが登場する。それは『私はソーシャルワーカー――福祉の現場で働く女性21人の仕事と生活』（2004年）の続編として企画したものだ。

その本のなかで私は「ソーシャルワークを導く知」という論文を書いた。それはソーシャルワークの研究者に対する批判から始まっている。彼らは「ワーカーの実践力の脆弱さ」を嘆き、その原因として「経験や慣れ、勘、直観、センス等に依存する」ことをあげ、「日常的な経験から得られた常識的な知識をいったんは捨てさること」で「新たな視座」すなわち「客観的で科学的態度」が得られると説く（須藤2004：24）。

ソーシャルワーカーに欠如しているのは「客観的で科学的態度」だというこうした考え方に対して、その論文で私が味方につけた知は、ドナルド・ショーンやピエール・ブルデュ、塚本明子、中村雄二郎などであった。

ショーンはソーシャルワーカーがマイナーな専門職であっても、その「ぬかるみ」のなかにこそ大切な問題があると私たちを励ます。そしてソーシャルワークは近代の「技術的合理性モデル」では解明できず、「反省的実践家」モデルによって探究すべきだという（ショーン2001）。

塚本はギリシア哲学に戻って「エスピテーメ（真の知）」「テクネー（つくる知）」「フロネーシス

（行為知）」という知の三角形を示し、不変の事柄に関わる知やテクノロジーの知に対して、劣勢を感じさせるフロネーシスの持つ近代を超える知の価値を明示している（塚本２００８）。

中村雄二郎も実践と現実との間の界面にある豊かさを、「臨床の知」として理論の普遍性や論理性への疑問を持っている（中村１９９２）。

私はこれらの知によって、自分が抱えるソーシャルワーク理論へのわだかまりに自信をもって向かうことにしたのである。あらためてブルデュの『実践感覚Ⅰ』（２００１年）を広げてみると、「実践の論理」を破壊する科学の論理への批判が書かれていて、私のなかの「実践感覚」が生き生きと動き出した。

ブルデュの「実践の時間的現実」とは、いま・ここという「未来志向の知」によって構築される現実を指していると考える。しかしソーシャルワーク研究は今も「正統的知識」を説き続けている。

村川論文を読む以前の私は、アリストテレスに戻ることも、未来志向の知もアブダクションも知らなかった。そのためこのような科学的態度に対する反発を、ショーンやブルデュなどの哲学を借りてしのいでいた。それでは経験主義、現場主義と批判されても仕方なかったかもしれない。大学を去るときになってようやく私は重要な文献を手にし、学び始めたのである。

第2章　アブダクションを知る

ソーシャルワークの洞察と推論

退職する1年前に読んだ村川治彦の論文は、ギリシア時代の前と後、アリストテレス以前と以後の論理学から過去志向の知と未来志向の知があることを教えてくれた。

さらに未来志向の知の道筋は、すでに起きたことを論証する帰納でもなく、「観察データにもとづいて一般化を行う推論」である演繹でもなく、「観察不可能な何ものかを仮定する創造的推論の飛躍」である「アブダクション」だという（村川328）。この「第三の論理」は初めて聞く言葉であった。

村川論文の第2節に登場するアブダクションは、米盛裕二とアメリカの哲学者、C・S・パースの書籍から引用されている。そのキーワードである洞察と推論は、ソーシャルワークの経験そのものだった。

まず「アブダクション」という概念を学ぶことにして、米盛の『アブダクション――仮説と発見の論理』を読んだ。それは未来志向の知以上に、ソーシャルワークの経験を励ます論理だった。アブダクションは「知の巨人C・S・パース」によりもたらされ、「観察データを説明するための仮説を形成する推論」「仮説的飛躍」「創造的推測の飛躍」と言い換えられる。米盛は次のようにいう。

アブダクションはたんなる当てずっぽうな推論ではなく、それはある明確な理由または根拠——つまり「そのように考えるべき理由がある」、「そのように考えるのがもっとも理にかなっている」、「そのように考えざるをえない」というふうに納得できる合理的な理由または根拠——にもとづいて、仮説を提案しています。このようにアブダクションは意識的に熟慮して行われる思惟（reasoning）であり、そういう意味で論理的に統制された推論（inference）である、ということができます。（米盛 61）

第1章で書いたように、研修会で話された三つの事例を聞いたとき、このアブダクションの言葉がよみがえった。そこに確かな推論をもとに進められたソーシャルワークの実践があったからである。異なる文化を持つ家族の混沌とした事案に対し、熟慮した推論によってソーシャルワークを進めていた。アブダクションが持つ洞察と推論は、ソーシャルワークのいま・ここでの実践に不可欠である。それを私たちは時にためらいながら、直感とか勘という。するとそれは「職人芸だ。経験主義だ」とマイナスに評価されてしまう。専門的、理論的ではないと否定され、私たちは口に出せないままここまできた。しかし言葉を変えれば、直感や勘は洞察や推論なのである。

しばしば、児童相談所のソーシャルワーカーによる介入がされないまま、虐待で子どもの命が失われる事件を耳にする。それを防ぐためには理論や知識以前に直感や勘、言い換えれば洞察力や推測という思考が活用されなければならない。「そのように考えるべき理由がある」「そう考えるのが理にかなっている」「そう考えざるを得ない」という仮説を、言葉にして共有するテーブルが必要である。そこではマニュアルやフロー図ではなく飛躍した、しかし確かな推測を示さなければならない。

イギリスのソーシャルワーク研究者、マルコム・ペインは『ソーシャルワークの専門性とは何か』（2019年）の中で、次のような介入の経験を書いている。それは彼が「ソーシャルワークとは何か」と聞かれるとき引き合いに出す「泣き叫ぶ女性」への介入である（ペイン79－83）。

ある夜、彼が社会サービス課で夜間勤務についていたとき、警察から電話が入った。警察は「泣き叫ぶ女性がいるので来てほしい」と言う。どういうことか分からないまま行ってみると、街はずれの公営住宅の前に5、60人の人が集まり警察の車も止まっている。

窓から「刺すような悲鳴」が聴こえてくる。彼が着くと警察官が「ウッズ夫人です。夫人はベッドから起きて泣きわめいています」と言う。それ以外、詳しいことが分からない。警察官は女性を説得しようとしたができず「ヒステリー」だと結論づけた。警察官は彼に精神症状を伝えた。

夜の街に響く女性の鋭い叫び声に集まってきた近所の人たちも警察官も、泣き叫ぶ女性は精神病院に運ばれる必要があると考え、そこに来たソーシャルワーカーのペインにその役割を期待したのだろう。

ペインは「ヒステリー」という言葉から、それならば暗示にかかりやすいかもしれないと、催眠術の本に書いてあったことを思い出しながら家の中に入っていった。彼には催眠療法をする知識も資格もないが、落ち着かせることはできるかもしれない、寝かしつけることでその場の緊張を和らげることができるかもしれないと考えたという。

そのあとの経過についてはペインの言葉を引用しておこう。

そう決めたうえで、私はベッドの端に腰を下ろして、ウッズ夫人のほうに身を曲げて彼女の手をとった。すると、夫人は私の顔を見てくれたのでコンタクトが取れるようになった。私は自分の名を告げて、なぜ初対面の私が彼女の寝室にいるのか説明した。彼女は依然として泣き叫び続けていた。そこで、私は低くゆっくりした声で「あなたはひどく疲れていらっしゃる、まぶたも重いし、眠りたいでしょう……」と言った。そうすると、彼女はひっくり返って横になり、寝入ってしまった。その時ばかりは、私はヒーローだった。（ペイン 81）

もちろんこれで終わりではない。そのあと夫からのＤＶや女性のうつ状態、生活上の諸問題が明らかになり、社会サービス課が関わるケースとしてソーシャルワークが展開された。ペインはこれがソーシャルワークなのだという。このように「自分自身を活用」することでソーシャルワークは実現された。

（だから）ソーシャルワーカーならだれしもが、あらゆるときにソーシャルワークを行っているといえる。すなわちワーカーはソーシャルワークを表現し、それがソーシャルワークとなり、ソーシャルワークの考え方を具体化し、組織化する。それがソーシャルワークである。（ペイン83）。

ここではペインの洞察と推論が創造的に活用されている。それがアブダクションである。ペインはアブダクションという概念は出さないが、ソーシャルワークの実践をこうまとめている。

ソーシャルワークの教科書には込み入ったリストや図表が掲載されているが容易に頭脳に納めることができない。そのうえ、それらの説明は一般的過ぎる内容で、われわれが対処すべき状況には応用できない。（ペイン84）

それにもかかわらず私たちは「一般に認められている確かな実践」だけが正統なソーシャルワークだと教えられる。ペインはテキストに書かれている込み入った理論や図表ではなく、人間や社会の動きや多様性に柔軟に、自在に対応する実践がソーシャルワークなのだという。警察官も地域の人たちも、このソーシャルワーカーの介入とそのあとの支援を見て、ソーシャルワークを十分に理解したのである。

イギリスやアメリカのテキストをモデルにして、日本のソーシャルワークのテキストにも、支援システム、介入システムという図表が文章を分かりやすく示すために多用される。しかしペインのように自分の経験こそがソーシャルワークだとは表明してこなかった。

またニール・ソンプソンは『ソーシャルワークとは何か——基礎と展望』（2004年）のなかで、もっと大胆に「ソーシャルワークとはソーシャルワーカーがしていることである」という（ソンプソン17）。きわめて直截な言い方だが、ソーシャルワーカーが持つ洞察と推論という観点から見れば、これは誤りではない。

アブダクションという常識知

アブダクションという第三の論理は、ソーシャルワークを支えて実現する論理である。ここで米盛の本に戻ってアブダクションをもう少し深めてみよう。

米盛はニュートンの万有引力の原理の発見は「一連の創造的な仮説形成的推論、すなわちアブダクション」だという。すなわち、

ニュートンは、物体は支えられていないときには落下するという事実をあれこれ観察し、それらの観察事実を集めて整理し分析し一般化することによって、万有引力の原理を発見しているのではありません。（米盛59）

それは自然の事象に対する驚きとすぐれた洞察力、想像力と創造的な推論による仮説なのである。

ニュートンを引き合いに出してソーシャルワーカーの洞察力や推論を論じるつもりはないが、次の米

盛の言葉は私たちの思考の底を固めてくれる。

パースによると、人間の精神には本来この「自然について正しく推測する本能的能力」が備わっているという進化論的事実を認めることが、あらゆるアブダクティブな探究の根底にある（ひいては科学的探究の根底にある）もっとも基本的な前提です。（米盛 69）

どの人もいわんやどんなソーシャルワーカーにも、推測する本能的能力はあると信じていいのだ。備わっているのである。

さらにアブダクションをソーシャルワークに近づけて、米盛の「常識知」論を読んでみよう。ソーシャルワーカーが日々活用している知は「常識知」に近い。それはペインの「叫ぶ女性」への対応でもいえるだろう。しかし専門知を前提とする研究においては、常識など歯牙にもかけられない。私たちが日常使う常識という言葉の意味がそうさせるのだろう。しかしアブダクションにおいてはこの本能的かつ自然の、かつそう考えるのが理にかなっている常識が正しく評価される。そこで米盛は「常識と科学」という問題を提起する。

「常識と科学」論は、一般に、常識と科学を対比することによって、科学における知的革命の意義を強調することに主眼を置くものであった。したがってそれらの論議は大抵、科学の見地から一方的に常識を誹謗し、常識に対して否定的な立場に立つもので、常識と科学をそれぞれ違う知の様式として、違う種類の知識として、それぞれの領域における人知の原理を論ずるというものではない。（米盛　２３２－２３３）

確かに科学がもたらした成果を見れば、このような論の立て方に抵抗できないかもしれない。この常識論を援護してくれるのが哲学者のジョン・デューイである。デューイは私たちの日常生活が科学知とは別に、実践知、実際知と呼ばれるような「常識的探究（common sense inquiry）」という知的営みによって支えられているという。デューイの知識観を「常識知について」で引用している（米盛　２３７）。

米盛はデューイ自身も引用しているというオックスフォード辞書の常識についての記述を紹介する。オックスフォード辞書は、「常識」を「正しい堅実な実践的識見、日常生活の事柄を処理するコツと臨機応変の才を合わせ持つ識見（Good sound practical sense ; combined tact and readiness in dealing with the ordinary affairs of life）」と定義しているという。そして good sense は good judgment という意味を持つ。常識とは科学的でない排除すべきものではなく、「多様な関心」「配慮的関与」の仕方であり、妥当な判断を生む知だと考えられる（米盛　２４２）。

ソーシャルワークとは、いま・ここで good judgment を示す実践である。そう考えるなら、ソーシャルワークは常識知にもとづくといってよいだろう。

どのような常識知をもって多くの人たちが納得する判断を下せるか。ペインが「ソーシャルワークとは何ですか」という問いに、泣き叫ぶ女性の事例を引き合いに出して伝えるのは、この「常識」としてのソーシャルワークである。常識知を持つ自分をペインは活用したのである。

いままてきたように、米盛はアブダクションの議論の場にデューイを登場させているが、直接ソーシャルワークに言及しているわけではない。しかし思いがけず最新のデューイ研究で、デューイがソーシャルワークの実践と深い関係を持っていたことが明らかになっている。デューイはソーシャルワーカーだったのである。これについては6章で述べる。

さて、ここで問われるのは思考の「質的なもの」である。知識や技術ではなく目に見えない常識知や常識的思考なのである。多くのソーシャルワークのテキストから抜け落ちているのは、思考の質を示すgood judgmentである。なぜそう判断したのかを自分に問う思考力が必要である。あるいは個別性や主観性を支える常識知である。その知が抜け落ちたままに、ソーシャルワークを社会福祉援助という目に見える行動にする流れが続いている。

ソーシャルワークは常識知を手放し科学的であろうとすることで、ソーシャルワークの知を失ってしまったともいえる。常識と科学を対等に並べ、未来志向の知によって実践を進めること、そして創造的な推論と仮説というアブダクションの論理に立つことによって、ソーシャルワークは復活しなければならない。

普遍性、客観性、一般性を手放す

『看護研究』45巻4号の特集「経験を記述する――現象学と質的研究」の企画者である西村は、「企画趣旨」で「これまで、文脈をもった個別の経験、具体的な場面の一つひとつを丁寧に記述し、そこに浮かび上がる普遍性を追究する方法論はあまり論じられてこなかった」と記している。これについて村川は次のようにいう。

この趣旨に対して小論では、実践の学としての看護研究は、経験に潜む本質を探究する「過去志向の知」でなく、テクネーの知としての実践を進める「未来志向の知」として位置づけられることを提案した。それはすでに起きた事象の内に潜む普遍的本質を追究するギリシア時代以来の「過去志向の知」が築き上げてきた方法論、つまり普遍性、客観性、一般性をあらかじめ担保する方法論とは異なる知のあり方である。（村川 332）

村川は目の前に岩のように立ちはだかる普遍性、客観性、一般性を追究するのではなく、「異なる知」すなわち「未来志向の知」を提起している。村川は臨床心理学研究者の下山晴彦の「普遍性とは、現実の基本軸となっている時間と空間を超越した概念であり、個別の現実を具体的に理解する際には役立たない場合もある」という言葉を引用している（村川 333）。これと同じことが実践の学としてのソーシャルワーク研究にもいえるだろう。

また1章で紹介したように「看護研究は哲学のような本質学ではない。看護師がケアするのは人間の本質ではなく、ここに生きる事実としての人間なのである」という松葉の言葉も引用している。そして村川は「看護、社会福祉、心理臨床などの分野を問わず『未来志向の知』という視点から質的研究法を捉える」方法として、「その記述が未来志向の知として実践の場の対話に開かれ、実践の理解を促進したかどうかで判断されるべきである」こと、また「同じ体験を共有する研究者や実践家にとって良い理解を生み出すことができたなら、それは結果的に正しい記述であるとみなされる」と締めくくっている（村川　334）。

ソーシャルワーク研究において私たちが立ち戻るべき場所は、すでに明らかである。私たちはこれまでこのような対話の場の重要性を意識してこなかった。

私たちは理論というスタイル、論文というスタイルに縛られて経験や実践のスタイルがもたらす「未来志向の知」と対話を見失っていた。鷲田清一がいうように「スタイルはすでに思想である」（鷲田1999：46）ならば、私たちソーシャルワーカーはこのスタイルから見直し、自分の推論や洞察、熟慮を大胆に語り経験を記述しなければならない。また身体感覚に裏づけられた自分の言葉で表現しなければならない。

「新しいソーシャルワーク」の古さ

ソーシャルワークの新しい課題が明らかであるにもかかわらず、まだ何も変わっていない。例えば『ソーシャルワークの新しい展開』（岡本民夫、2010年）でも、ソーシャルワークの実践に対して「援助者の勘と経験あるいは援助者の個人的資質」や「勘や経験に依拠するあり方」、あるいは「これまでの勘と経験あるいは天性に大幅に依拠してきたいわば職人芸の域」（岡本7）と、これまでと同じような勘や経験についての批判が繰り返されている。つまり「理論化」「科学化」「技術化」が今なお「新しいソーシャルワーク」なのである。そのためにソーシャルワーカーに勘や経験、個人的センスからの脱却を求める。だが、これまでみてきたように勘、経験、個人的な資質とは洞察、推論の源でありアブダクションという第三の論理である。またペインのように個人的資質こそ活用されなければならない。

さらに同書では「独自理論の体系化」を追求するために、ソーシャルワークの持つ「諸科学に依存する体質」が批判される。それは、ソーシャルワークの存在が危ういという根拠のない危機感にもとづいている。

「もはや、いわゆる隙間産業としてのソーシャルワークでは太刀打ちできないほど近接領域の参入、浸食が盛んである。そのため一部ではソーシャルワークの無用論や調整役のみに徹するよう上司から指示されている職場もあると側聞している」(岡本 13)。このような「逼迫したソーシャルワークの状況からの脱却から当面何をすべきか」という視点が、「内生的、自生的」なソーシャルワーク独自の理論構築という狭隘な思考に進ませてしまう。

その結果、「実践の科学化」の方法として演繹と帰納の二者択一に行きついている。

これまでの演繹的な研究方法や実践のあり方に対して、ソーシャルワークの実践活動の系統的、体系的情報の集積を持続的に実施し、その中から共通する所見や経験法則を抽出していくような、いわゆる帰納法的な研究と実践を展開していく必要がある。(岡本 13-14)

著者は「帰納法的」として、「ソーシャルワークの世界から日々の実践活動や援助活動などを体系的にかつ系統的に集積し、その集積の中から法則性や新たな経験法則を抽出し、それらをソーシャルワークの理論構築に組み込んでいく」ことを目指している。そして「あらゆる福祉現場に普遍化、一般化」する法則性に基づくソーシャルワークが、「新しいソーシャルワーク」であるという（岡本 14）。ここには前に指摘した「科学的態度」が一層、厚く上塗りされている。どこまでも実践は理論によって、それもソーシャルワークだけが持つ、周辺科学と重ならない固有の理論に基づいて実現するものであると考えている。その結果、理論はますますソーシャルワークの経験から離れていく。

アブダクションという「安らぎ」――乳児を殺めた女子大生

人類学者のグレゴリー・ベイトソンは『精神と自然――生きた世界の認識論』（２０２２年）の中で、「アブダクションは人々に大きな安らぎを与える。厳密な説明は往々にして退屈である」と述べている（ベイトソン １６５）。

またこの本の訳者である佐藤良明がアブダクション（abduction）のラテン語の語源 abducere について、次のように説明している。ab は英語の away で、ducere は to lead であり、連行、誘拐といった意味を持つ。また演繹や帰納が一般対個別という縦の関係だとすれば、アブダクションは「不可解な事実を説明するために仮説をもぎ取ってくる（あるいは類例から横取りする）というイメージ」と書いている（佐藤 １７１）。

さらにベイトソンは同書の「V章 重なりとしての関係性」で、「アブダクション」という小見出しを立てて「ある記述における抽象的要素を横へ横へと広げていくことをアブダクションと呼ぶ」、また「すべてのケースにおいてアブダクションとは、事物なり出来事なりシークエンスなりを、二重ないし多重に記述することと考えてよいだろう」と書く。そして「アブダクションの見込みが立たない世界では、思考は全く停止してしまうに違いない」というのである（ベイトソン 269-270）。

このようなベイトソンの示唆を感じながら、「女子大生はなぜ乳児を殺めたか――〝自首も〟わからない『境界知能』の実態」（三宅玲子『文藝春秋』2022年2月号）を読んだ。

ホテルのトイレに胎児が産み落とされていたり、生まれた子の遺体が山中に捨てられていたりという出来事がしばしば報じられる。母子生活支援施設の押し入れで、入居者の女性が産んだ子どもの遺体が見つかったこともある。

同様な事件が起きるたびに母性の観点から見た女性の異常さや、女性の「身勝手で短絡的な行動」への非難が渦巻く。裁判では精神鑑定や知能指数検査などが行われ司法的処分が決定される。

この月刊誌で取り上げられた事件は「女子大生」という言葉が与えるセンセーショナルな印象と、福祉の現場でいうところの「知的に問題がある」とか「知的にボーダーラインだ」という「境界知能」という副タイトルがまじりあって、人びとの目をひきつけ、読む前から困惑が広がる。

事件は「就活で上京した神戸在住の女子大生が、羽田空港のトイレで産み落とした赤ちゃんを殺害し、遺体を新橋のイタリア公園に埋めた」というものである。しかしこのルポルタージュでは、事例を同様な事件との共通性に導いたり、また社会的な問題につなげて一般化していない。執筆したノンフィクションライターの三宅玲子は、この裁判で却下された社会福祉士、つまりソーシャルワーカーの確かな仮説に注目している。

しかし裁判所はこの証言でなく、鑑定医による12回の面談と検査の結果を採用した。鑑定医は「家族関係、学校や仕事、妊娠の経緯、心理検査、知能検査、自閉スペクトラム症、注意欠如多動症検査」などによって、知能指数は74で軽度知的障害だが精神障害はないと証言した。裁判所は科学的で客観的データにもとづく鑑定医の意見を認めたのである。

その結果ここで人々の思考は停止し結論に進む。裁判官は「鑑定」の客観的、科学的診断にしたがって、一審は懲役5年の実刑判決という結論を出した。ただ裁判はその後控訴審へと進んだ。

この一連のプロセスが示すのは、科学的所見によって結論に導く演繹的推論である。米盛はこの演繹的推論について次のようにいう。

> 演繹的推論は前提の内容に暗々裏に含まれている情報を解明し、それを結論として導き出す分析的推論です。演繹的推論は前提の内容を分析し解明するために用いられる推論ですから、したがって演繹的推論においては結論は前提の内容以上のことは言明しない、つまり前提の内容を超えた知識の拡張はありません。しかしそのかわり、分析的な演繹的推論には真なる前提から必然的に真なる結論が導かれる、という重要な論理的特性があります。（米盛32　傍点原文）

すなわち74という知能テストの数値、心理検査、自閉スペクトラム症と注意欠如多動症の検査、家族関係や人間関係における問題などを精査し、「精神障害」はないとして事件の責任能力はあるという結論である。分析的な演繹的推論から導かれた結論は信頼に値するという論理である。

しかし精神障害がないこと、また境界知能だとしてもこのような出来事がなぜ起きたのかということは解明されない。懲役5年という判決によって、問題は封じ込められてしまう。

ソーシャルワークが知りたいのはこの事件が起きた具体的な経緯であり、それを阻止することはできたのか、またこれからどのようなサポートをすべきかということである。単に服役して罪を償うことではない。

社会福祉士の大嶋美千代氏の却下された証言は、次のようなエピソードから始まる。拘留中にこの大学生と面会したとき、「赤ちゃんが生まれた直後に救急車を呼ぼうとスマホを手にしたものの、『九』の数字が押せなかった」という本人の言葉である。

それ以前に女性に二桁の計算プリントを示したとき、8、3という数字が読めなかった。時計の文字は数字でなく針の角度という「絵」で記憶していた。このエピソードについて医師興野康也は、「社会福祉士が限局性学習症（学習障害）の可能性を指摘していますので、この部分について再度検査を行うべき」と判断している。

「神戸から羽田までの一時間、激痛に耐え、トイレにたどり着き腰を下ろすと赤ちゃんの頭が出てきて」「一一九番を押そうとしたが『九』が押せず、パニックで頭が真っ白になり首を絞めた」という本人の陳述を理解するためには、単に境界知能の数字と精神障害はないという結論で思考停止してはならないのである。

三宅はさらに次のように書いている。

大嶋らは本人の陳述と留置所のテストから拡張的推論を導いた。「赤ちゃんが邪魔だという思いがあり殺したかったなら、地元で人知れずそうしたはずです。空港で陣痛を感じたのに飛行機に乗るでしょうか。見つかっては困るという発想や罪悪感があるのにわざわざカフェで写真を撮ってＳＮＳにあげるでしょうか」と推論を広げる。

またそのあと「カフェに行ってアップルパイと飲み物の写真」をＳＮＳにアップした行動についても、「発達症の人はルーティンを好む傾向があるから、それがルーティンだった」と大嶋は考えている。

この事件では「女子大生」が風俗店でアルバイトをしていたことも、社会の「好奇心と加罰意識」を集めた。このことについても推論が広がる。女性は「他者に性的欲求を感じない」アセクシャルで、「自分と同じ年ごろの女性と同じように異性に対する性的な欲求とはどういうものか知りたい」と風俗店でのアルバイトをしたと語っている。「幼少時から学習や人との交流が苦手」となれば、彼女に対する家族や関係者の否定的評価は免れない。その結果、自己肯定感は失われたままである。

このように熟慮し「そのように考えるべき理由がある」「そのように考えるのがもっとも理にかなっている」「そのように考えざるを得ない」と推論が重ねられるアブダクションによって、記事のタイトルに対する困惑が解け、現実の理解と受け止めは、はるかに前進した。

ベイトソンの言葉通り、この拡張的推論はすべての関係者に「安らぎ」を与えただろう。創造的な推論や洞察によって、女性の「人格を歪める」ことを免れたからである。三宅によれば、女性はその後家族との日常に戻ったようだ。ただし二審の東京高裁は一審判決を支持し、控訴は棄却された。

この事例についての仮説は、どこまでもこの個別事例の仮説である。もちろん同様な問題が起きたときに、これと似た仮説は出てくるかもしれない。しかし一般化すべきではない。

同じことは看護でも論じられている。ゲーリー・ロルフは『看護実践のアポリア——D・ショーン《省察的実践論》の挑戦』（２０１７年）の中で、「仮説生成——アブダクション」として次のように警告している。すなわちアブダクションという手続きから出てきた仮説は、どこまでも単一事例の仮説であるが、私たちはこれを「科学の既成のパラダイムと並ぶもう一つの科学的パラダイムなのだ」と考えるべきだというのである。

さらにロルフは一人の患者を前にして、試行的理論の仮説を広げながら引き出す。その仮説は際限なく拡張する。そして次のようにいうとき、看護とソーシャルワークの実践は重なる。

そして私の仮説の正確さは、その状況に私が持ち込む個人的知識と、その患者との関係の深さと強さによるのだということが、理解できるのである。だがもっと重要なのは、この過程が理論と実践の双方を、切り離すことができない一つの全体へと結びつけることである。なぜなら私の理論から出てくる仮説を試すには、私が治療的介入を行うことが必須となるからである。

（ロルフ 59）

これまでの科学的理論は、問題を説明してピリオドを打つためのものだった。しかしアブダクションは介入、実践を通じてどこまでも拡張していくパラダイムである。それは一般的な理論ではなく個別の「私の理論」である。

帰納的方法とアブダクション

もう一度、アブダクションに戻ってみよう。科学的論理的思考の方法に、演繹（deduction）と帰納（induction）の２種類があると教えられてきた。このような科学的論理で知識や理論は成り立つということは、近代科学知の常識だった。だから研究者はそのような知を持たないソーシャルワーカーに苛立っているのだ。

しかしこの二つのほかにアブダクション（abduction、またはリトロダクション retroduction ともいう）があるということを、私は村川論文を読むまで知らなかった。C・S・パースの提起したアブダクションと、これまでの二つの思考様式との関係について、『パースの認識論』（１９９０年）という書籍を著したウィリアム・H・デイヴィスは次のように述べている。

彼は伝統に同意して、演繹は本質的に解析的であり、それを用いても真に新しい情報は得られないとする。新しい情報、つまり総合的認識は、帰納とアブダクションからのみもたらされるとする。さてパースは帰納とアブダクションの二つの型の総合的推論の差異を示そうと掘り下げるが、パースにおいても、両者が全く異なり、分離しているわけではなかった。両者はきわめて似ていて、以下で明らかにするが、帰納は一種のアブダクションに解消される強い傾向が存在し、すべての型の総合的認知は、知覚も帰納も発明創意工夫も含め、アブダクションであるということができる。（デイヴィス38）

しかしパースは両者の差異を次のように四つ挙げている。それは①帰納はアブダクションよりもはるかに強い推論である。②帰納は観察された事実から同種の要請される事実を導くが、アブダクションは別の事実、多様な事実を統一する一つの事実を示す。③両者の間には「生理的な」差異がある。帰納は法則や習慣を生み出し、アブダクションは解放の感覚をともなう心の統一を生み出す。④分類的な科学は帰納であり「理論的」科学（地質学、生物学）は仮説的である（デイヴィス39）。

この説明からも分かるようにパースの哲学、認識論はとても広い視野を持っている。デイヴィスが説明するパースの考えは、「帰納は初歩的なほとんど機械的なアブダクション」であり、アブダクションは「総合的推論」「心の唯一な創造的行為」といえる。

そして「科学は帰納的あるいは演繹的過程ではなく、哲学は帰納的あるいは演繹的であってはならず、むしろアブダクション的過程――機械的計算ではなく、創造的洞察であるべきである」ということになる（デイヴィス44）。まとめれば「帰納はアブダクションのひとつの型とみるほうが適切である」としている（デイヴィス40）。

ここで帰納とアブダクションの違いをソーシャルワークの文脈で考えるためには、米盛の『アブダクション』が分かりやすい。なぜなら論理学の推論や仮説を経験諸科学につなげて考えるからである。帰納とアブダクションは共通の経験的基盤で成り立っているが、そこには二つの違いがあるという。帰納について、パースから次のように引用する。

「帰納とはあることが真であるようないくつかの事例から一般化を行い、そしてそれらの事例が属しているクラス全体についても同じことが真である、と推測する場合をいう。あるいは、事例のある部分についてあることがいえることを見出して、それらの事例が属するクラス全体についても同じ割合で同じことがいえると推測することである（CP:2.624）」（米盛 86－87）

そのうえで二つの違いを次のようにいう。

第一に、アブダクションは「われわれが直接観察したものとは違う種類の何ものか」を推論する。第二に、アブダクションは「われわれにとってしばしば直接には観察不可能な何ものかを仮定する」。（米盛 87）

帰納法と「実践的推論」

前述した『新しいソーシャルワークの展開』（２０１０年）では、帰納的研究法を支持し、その結果もたらされる理論が「あらゆる福祉現場に普遍化、一般化することなく一部の実務家」にだけしか学ばれていない現状に改革を迫っている。

しかし平塚良子は『ソーシャルワークを「語り」から「見える化」する――7次元統合体モデルによる解析』（2022年）のなかでこのような批判の一面性に対して次のように問題提起している。

その行為が科学的実践と称されようとも、ソーシャルワーカーはアートの知（実践知［practice wisdom］）として溜め込み集積してきた思考（pooled thinking）を呼び覚まし、事象を読み解く視点・対象認識として言語化・論理化をしつつ、ソーシャルワークの価値との照らし合わせから実現する価値・目的を掲げる。そうして種々の手段を取りながら、ソーシャルワークらしさを全体的に表現する。そこには多様な探索や実践的推論、意思決定過程が繰り広げられるはずである。（平塚 3）

平塚は「アートの知」がソーシャルワークの知識構築の鍵だと考え、それを「見える化」することに研究の目的を絞っている。また「実践的推論」について次のように考えている。

まず推論の方法として、演繹的推論と帰納的推論の二つを対比する。そして「個別の事実の集積・蓄積から一般的結論（一般的理論）を導き出す」帰納的推論のほうが結論について支持が得られるとする。それはソーシャルワークが「日々の実践として具体的行為を伴う分野」であり、「他者の生活に生じる個別事象、且つその意味世界の事象を中心に取り上げる。個別的に一回性に限定された事象を扱う」という特質をもつからである（平塚 216）。

ここでは演繹、帰納に直感なども含めて、「溜め込まれたSWrの思考の総体」が「実践的推論」

である。その思考は「合理的・内省的思考」「批判的思考」「創造的思考」などが交じり合ったものである。

ただ平塚が「見える化」しようとするソーシャルワーカーの「内面に溜め込まれ蓄積された思考」は、見えない推論ではなく「実践の根拠や論理」でありそれに基づく「論理的・合理的な結論」という、見えている「確定」したものなのである。

たとえば「実践的推論」として示す次の事例は、「施設入所か、在宅かで揺れた高次脳機能障害・意思疎通困難な60代前半の単身女性クライエント」である。退院後どこで、どのように生活するかをめぐって、当事者、親族、ケアマネージャー、病院のソーシャルワーカーなど関係者がそれぞれの立場から考え、在宅生活の実現に向けた議論のプロセスが、「実践的推論」の「推論過程」として以下のようにまとめられている。

価値・目的命題としての推論：何を大切にし、大事なこととして何をめざそうとするのか。↓推論確定「CLの人生を尊重し、CLの希望する在宅生活の継続が可能ならば、これを実現する」

戦略命題としての推論：どのような実践をしようとするのか↓推論確定「CLの思いを尊重し、ニーズを実現すべきである。これを妨げているバリアに挑戦すべきであるし、そのためにもCLの回復状況を可視化する」

当為命題としての推論：何をすべきか↓推論確定「CLと協同して本人の回復過程の可視化を

はかるとともに、自宅での在宅生活継続の条件や可能性を（バリア的存在の人々に）明らかにする」（平塚　２１８－２２２）

ここでは「推論」が「推論確定」という言葉に変化していき、それが「各結論と一致する」ことが目指されている。そして次のようにいう。

推論過程における判断根拠と前提、前提と結論との関係から2次元間の論理的整合性、相互一体性、連動性などが確認できる。（中略）このようなＳＷｒ推論の世界を捉えることは実践根拠の妥当性の論証ばかりでなく何より実証につながる。すなわち科学的実践と対としての実践の科学化への道を拓く点で重要課題である。（平塚　２２２）

しかしソーシャルワーカーに溜め込まれた「アートな知」は、帰納的推論として進められる「実践的推論」として、論理的整合性や論証、科学化に戻る結果になっている。

米盛は帰納法がもたらす推論の限界を、どこまでも「真なるもの」「一般性」にとどまり、飛躍できないと指摘してきた。米盛の言い方を借りれば、「帰納主義の考え方の欠陥は科学的探究において仮説が果たす役割について明確な認識を欠いているところにあるということです」ということになるであろう（米盛　１４６）。

平塚の「実践的推論」は、米盛のいう「帰納主義のもたらす推論の限界」そのものを表している。

演繹、帰納に続く第三の論理としてアブダクションが見出されていないからである。

「実践的推論」は実践の特質である「あいまいさ」や「見えにくさ」を否定し、それを明示化することにつき進む。そのために推論が本来持つべき拡張性や飛躍を失っている。推論とは根拠や妥当性、実証性が見えないなかで、非合理性を掘り下げその現実に留まるものである。

命題から結論に向けた論理的整合性を求めるならば、推論は「真なるもの」「一般性」にとどまり、そこからはその個別性を保持する創造的な推論は出てこない。そのためこの事例の結論は、テキストに書かれているソーシャルワークの原則を言い換えたに過ぎない。

換言すれば「本人の希望を尊重し、回復状況を見ながら、在宅生活の実現のために環境調整をしていく」という一般的な結論に到達しただけである。それは自己決定の原則や、施設ではなく地域ケアのネットワークを構築して女性の生活を支えるという、今日のソーシャルワークの一般性を示したものである。

しかし現実はこのような結論を出して終わらない。アブダクションが求める拡張的、飛躍的推論とは、この現実を切り拓く推論である。この女性の高次脳機能障害がもたらす生活上の困難について、またそれはどのような方法で解決可能か、在宅生活で起きるリスクは何か、女性を支援する公私のサポートはどこまで可能か、など拡張的でかつ細かな襞に踏み込む推論が求められる。何よりも女性の回復過程は流動的で不確実なものである。

これが未来志向の知である。見えていることや確定していることに推論は必要ない。また推論の確かさは、関わる人々の対話や見えていない事実によって深まる。ソーシャルワーカーの決断や思考を超えたものである。

仮説的飛躍と創造的推論

アブダクションが求める洞察や拡張的な推論こそ、ソーシャルワークが必要とする認識構造である。命題も結論もないところに生まれる飛躍的な推論が、ソーシャルワークと現実をつなぐのである。人間や状況がそれぞれ違うように、共通性があるように見える事例でも一般化はできない。ソーシャルワークは推論することによって、一般性を乗り越えて個別性に立つ。ソーシャルワークの事例を読んだり、経験を聞いたりするとそこによく似た要素やエピソードが引き出されてくる。しかし本章で見た子どもをトイレで産んで埋めた事例も、「同じような事件」だと一括りにすることで多くの洞察や推論、仮説が失われる。

それらの状況はすべて個別である。ただ社会は若い女性の性的、倫理的問題やそれに対する対策などに一般化して済ます。しかし実践であるソーシャルワークはその個別性に対応する。ソーシャルワークは、このような社会的、法的枠組みの一般性を背景にしながら、どこまでも個別の事例に向かう実践である。米盛は科学的な探究においても、研究者の主観的な推測や偏見を排除した客観性や実証性はないとする。

このような仮説的飛躍には当然、誤りもあるだろう。しかし私たちは常に新しい現実に向き合う。そのためには仮説的飛躍は避けて通れない。ソーシャルワークはリスクを認識しながら、不確かな

good judgment を選ぶのである。

第1章で紹介した、今井むつみの「たとえ間違いを含む可能性があってもそれなりにうまく働くルールを新たに作ること、すなわちアブダクション推論を続けることは、生存に欠かせないものであった」という言語研究の知見は、ソーシャルワークにもあてはまる（今井２４５）。

ソーシャルワーカーは、一般化された推論から目の前の現実を理解してはならない。一般化の理論から解放され創造的な推論をすることでソーシャルワークは実現する。

かつて、大阪で幼い子ども二人が白骨化して発見される事件があった（杉山春『ルポ虐待――大阪２児置き去り死事件』〈２０１３年〉に詳しい）。児童相談所の介入がなく、子どもの命が失われたという意味にとどまらず、そこにはソーシャルワークの、飛躍する仮説や創造的な推論がなかった。関係者は女性、母性についての一般的推論や仮説から一歩も出ていない。確かな情報でない限り介入できないという行動の抑制や無責任さが、ソーシャルワークの敗北をもたらしている。

限られた情報や不確かさを乗り越えるのは、推論と洞察という私たちが持っている能力への信頼である。誤りを修復しながら、推論を拡張していかなければならない。ソーシャルワークの固有性ではなく、人間としての思考の共通性の広がりが問題を解決する。

経験を記述する

『母と子の未来へのまなざし――母子生活支援施設カサ・デ・サンタマリアの25年』（２０２１年）

で、施設長の篠原恵一はソーシャルワークの経験を「その人が答えをもっている――私を変えたある母との出会い」にまとめている。

精神的障害を持つ母親とBちゃん親子の、さまざまな問題への対応が繰り返され、最終的に母親と子どもを分離する以外になかったという経験である。その記述を引用しよう。

　私は「Bちゃんは A さんの子であるが、あなたのものではない。一人の人間であり、親だからといってもあなたが自由にすることはできない。それに何か怪我をさせたりすれば、あなたが例え親子でも犯罪者になる」と伝えた。しかしAさんは「うるさい。お前には関係ない。私の子なんだから返せ」と迫ってきた。このとき、Aさんは私の胸倉をつかんで必死に訴え叫んでいた。私の服はよれよれになった。（篠原 129-130）

そのような体当たりの格闘を経て、子どもは児童養護施設に入り、母親がグループホームに移る日に母親は篠原にこう言う。

　「いままでいろいろ迷惑かけちゃってごめんね。でもこんなに男の人にいろいろ言えてケンカもできたのはよかった。いろいろ心配してくれて、一生懸命になってくれたのに、こんなになってしまって本当にごめんなさい」。（篠原 130）

篠原はその経験を「Aさんとの関係は相撲のぶつかり稽古のようだった」と記述した。ここに村川がいう「よい理解を生み出す」ことができる言葉がある。記述が意味感覚を引き起こす。村川はこういう。

　アブダクションとしての洞察と推論によって見いだされる体験を、身体感覚に根ざしたメタファーとしての言葉で表現していくこと、それが経験の理解に結びつく可能性を秘めた記述になるというのがこの小論の提案である。（村川　３３４）

このように村川は論文をまとめている。簡単なことではないがソーシャルワーカーに求められることは、経験を記述する作業である。私もずっとソーシャルワークの経験をすくい上げる方法を探してきた。それが２００２年に書いた論文「ソーシャルワークの経験」で引用した鷲田や、ショーンの言葉であった。「理論と実践」という枠組みを解体し、理論の優位性から自由にならなければソーシャルワークの経験は失われてしまう。

「経験の詩的《ポエティック》＝制作的《ポイエティック》な機能の再発見」（鷲田）や、「行為の中の知」（ショーン）、また「暗黙知」（ポランニー）などによって経験の持つ意味深さを感じるために、私は『歩く日――私のフィールドノート』（１９９５年）や『ソーシャルワークの作業場』（２００４年）を書いた。

ただ「これはエッセイです」というと、人びとは日本語でいう「随想」という認識に留まる。そのうえ理論はエッセイを常に下に見る。「別のなにかをだしにしたエッセイの思考はつねに断片的であり、行き当たりばったりの思いつきでしかないという『見下し』がエッセイにはつきまとう」と鷲田はいう（鷲田1999：41－42）。

経験を記述するスタイルを私たちは模索しなければならない。そのスタイルがソーシャルワークの思想になる。エッセイに「未知の思考を伐り開く《試み》という意味がある」（鷲田38）なら、私たちはこれまでの経験を、エッセイという自由な文体で、臆することなく記述しなければならない。その試みがソーシャルワークを社会の共有財産としていくだろう。

第3章　ソーシャルワークという思考のフレーム

理論から逃れる

ソーシャルワークは社会のなかで共に経験され共有される。ソーシャルワーカーだけの経験ではない。看護や心理臨床、教育なども同じだろう。看護は看護師と患者だけでなく、医師や関係する他の職種と共に経験し実現する。教育も教師だけの経験でなく子どもや学生はもちろん、地域や子どもの親たちもともに経験する。実践とはそういう包括的で共同性をもって構築される社会的協働作業である。

そしてそれぞれの実践は、ソーシャルワーカー、看護師、教師、カウンセラーなどによる思考フレームのなかで現実化されていく。またこれほど単純ではないが、看護は病院で、心理臨床はカウンセリングルームで、教育は学校の教室でと、具体的な行為が特定の場所で実践されるが、ソーシャルワークの実践は社会のあらゆる場に拡散しソーシャル度が高い実践である。だからソーシャルワークというのだろう。

私はソーシャルワークの特質をこのようにイメージしている。ただこのようなソーシャルワークの特質が、理論への前のめりな姿勢をもたらしたともいえる。ソーシャルワークを「見える化」するという発想は、具体的な実践の現場を押さえてソーシャルワークの認知度を高めたいという気持ちから生まれるのかもしれない。

また科学的で客観性のある言葉で説明することができなければ、近接する、また先行する看護教育などのなかでソーシャルワークの場を確保できないという焦りから、ソーシャルワークの「固有性」もキーワードだった。その結果、ソーシャルワーク理論では「ソーシャルワークの固有性とは何か」「ソーシャルワークの専門性とは何か」という論考があふれ、本のタイトルは「ソーシャルワークの理論と実践」が定番だった。

さらに「理論と実践」を考えるにあたり、まず「ソーシャルワークとは」という定義から始めることが必須とされた。そして定義すなわち理論をもたなければソーシャルワークとは認められないとなると、ソーシャルワーカーは自分の実践をソーシャルワークとは言わないようになる。なぜなら実践は理論を待たずに創出されるからである。

日本でソーシャルワークという言葉やソーシャルワーカーというアイデンティティがひろがらなかったのは、このような現実を前にその言葉を発しにくかったからではないだろうか。皮肉にも理論はソーシャルワークを創出するエネルギーを奪ってしまった。かつて私は次のように書いた。

ソーシャルワーク実践とは、これらの実践モデルの現実への適用とされる。このような「高度な理論」に対して実践の力は及ばず、「理論と実践」と併記されながらその対抗関係において、実践は理論に従属してきた。引用原文で私が実践ではなく、経験とした意図は、実践を理論への従属から解き放つためである。ソーシャルワークの経験を通じて、世界との生き生きとした関係を持続し続けること、現場の意味を正当な位置に戻す必要があるからである。（須藤 2002：46）

『私はソーシャルワーカー――福祉の現場で働く女性21人の仕事と生活』（2004年）、『ソーシャルワーカーの仕事と生活――福祉の現場で働くということ』（2009年）を出したのは、このような現実を打開するためであった。ソーシャルワークの定義をしなくてもいい、理論を引き合いに出した論考はいらない、あなたの経験をありのままに、あなた自身の生活も含めて書いてほしいと伝えたものである。書くことに臆する人たちを説得し、また原稿の修正作業のやり取りも含め、大変だったが興味深い仕事だった。

それぞれの執筆者はこの原稿を書き上げる中で自分の実践をソーシャルワークと認識し、それによってアイデンティティを高めたと考えている。経験を書くことで、経験した仕事がソーシャルワークになっていったのである。したがってこれらの本にはソーシャルワークの実像が詰まっている。ソーシャルワークとは何かと問う必要も定義する必要もない。目の前の経験がソーシャルワークを限りなく創出する。

2004年の本の終章は私の「ソーシャルワーカーという生き方」である。これを一気に書き上げたことを覚えている。書きたいことがはっきり見えていた。仕事を始めて20年ぐらいたったときに、ワシントンで開かれた世界ソーシャルワーカー大会（ＩＦＳＷ）に初めて参加し、地味で少し暗い表情の人びとに混じって「自分が紛れもなくその集団の一員であると実感した」と書いている。

ソーシャルワーカーは常識的な知や直感を臆することなく言葉にすること、エビデンスという言葉に惑わされず自分の推論や洞察を言葉にする責任がある。そのように私は本の書き手たちを励ました。それはちょうど、もじもじする子どもに「さあ、なんでも言ってごらん」というのに似ている。

ペインは、第2章でもふれたようにソーシャルワークを説明するために「泣き叫ぶ中年女性」に介入したある夜の経験を引き合いに出した。同じく第2章で紹介した篠原は、胸倉をつかまれ身体をぶつけ合った経験を書いた。そのように書けばいいのだ。そこには資格や理論ではなく、人としての存在を示すソーシャルワークがある。理論から導いたことではなく自分の姿をそのままに出すことで、ソーシャルワークの固有性は見えてくる。そのような経験の記述や語りを生み出すために、実践をこれまでの理論との関係から解き放さなければならない。

イギリスの哲学者、ティモシー・ウィリアムソンは、『哲学の方法』（２０２３年）の冒頭で、「常識から出発する以外に道はない」という。それは哲学が生活のなにげない場面から生まれてくるからである。そして「現代論理学の力や洞察力は、突き詰めれば、われわれのありきたりで単純な推論の能力に由来しているのだ」と私たちを励ます（ウィリアムソン １００）。そのうえで彼は「手にしうるかぎりのエビデンスをもっともよく説明してくれる理論」がアブダクションで、哲学でも自然科学でも用いられているという（ウィリアムソン 92）。ソーシャルワーカーに求められるのはこの練り上げられた推論能力である。

実践感覚とソーシャルワーク

私たちに必要なのは研ぎ澄まされた実践感覚である。ソーシャルワーカーたちが子どものように委縮したのは、研究者が「理論をもたない」「経験主義だ」「勘や感覚で実践している」と批判してきたからである。事例を集積しそこから一般化した理論を構築し、それに基づいてソーシャルワークは行われるという論理を押しつけてきたために、ソーシャルワーカーは実践を語らなくなった。理論の裏づけをもたない実践は専門的ではなく、「街の世話好きなおばさん」がやっていることで、ソーシャルワークといえないという見方がつきまとっていた。

しかしアブダクションは、この分別ある市民すなわち「世話好きなおばさん」が持つ常識を後ろ盾にする。それでは納得しない人のために、実践感覚について少しもって回ったブルデュの言葉を引用しておこう。

より精確には、実践の本源の位置に実践を説明するために構築する必要のあるモデルを置くという理論的誤謬を発見すること、その一方で、この誤謬が、科学の時間と行為の時間とのアンチノミー、つまり科学の無時間的な時間を実践に押しつけて実践の破壊に行き着くアンチノミーを原則として持っていることを発見することと、この二つは同じひとつのことである。

（ブルデュ　２００１：１３０）

アンチノミーとは二律背反と訳されるが、ソーシャルワークを実践の学と言いながらその理論が「実践を破壊」し、ソーシャルワーカーの自信を奪ってきたことは二律背反に違いない。ブルデュはまた実践の時間と科学の時間を次のように区別する。

実践は時間と固い結びつきを持っているのだ。それは、実践が時間の中で演じられるからばかりでなく、実践が時間を、そして殊にテンポを戦略的に使うからである。（ブルデュ　１３１）

このように実践の特質を時間という概念に結びつけている。実践はそのとき、その場で始まる。それに対して「分析者はいつでも遅れてやってくる」といい、科学実践は時間を見落とし、その結果「実践を脱時間化する」としてそこに理論的誤謬があると語る。実践は創発し展開し終結する。そのテンポはさまざまである。実践を時間という観点から捉えるブルデュの視点は刺激的だ。

時間と結びつく実践の持つ知を未来志向の知というなら、科学知は過去志向の知である。ブルデュはそれゆえに実践は不確か性、両義性、不明瞭性、不規則性，非首尾一貫性が必然であるという。その実践に首尾一貫性を押しつけることは、未来志向の知の特質を奪うことになる。ブルデュは実践に「論理学のものとは違う論理を認めなければならない」と考えている。

「理論的把握を逃れる実践の論理」をブルデュは示唆する。しかしブルデュは理論的把握に対抗する実践の新たな論理を構築しようとしない。こういうのだ。

実践にその理由ばかりでなくその存在理由をも返すこと、しかも実践を論理上の構築物や精神的営みに変えないこと、（中略）実践の実践的必然性を実践に返してやることでもある。（ブルデュ　160）

それが理論から逃れた実践感覚である。ブルデュはどこまでも実践の側に立つ。実践を「無力さの集合的体験」ととらえ、それをそのまま実践に返すという実践の必然性を強調する。「最も強烈に生に関わる賭金に対する不確実性が産み出す苦悩の感情によって支配されている一個の生全体を、偶然に対するランダムな闘いにする、生産力かつ再生産の弱さとして記述することでもある」という、訳文のせいかわかりにくい文章を読むとき、来日したブルデュの講演を聴いた記憶がよみがえる（ブルデュ　160）。

このようにブルデュは実践だけを取り出して、その特質を深めた。それが『実践感覚Ⅰ』である。本のタイトル通り、実践は感覚とともに時間に結びついている。ブルデュは実践を実践として把握できないのは、理論の目指す客観主義に縛られ感覚を信頼しないからだと、これまでの論理を覆して見せた。

ソーシャルワークという社会的実践にとって、ブルデュの論考は十分である。逆にソーシャルワークを実践の学と言い続けてきたにもかかわらず、ソーシャルワーク理論は実践の必然性を奪い、従属させ抑圧してきた。

「事例を通して学ぶ」とは何か

ソーシャルワークの具体的な実践は、これまで事例という形式で書かれてきた。実践を共有化するために、ソーシャルワークの実践は事例化された。まず「事例を通して学ぶ」という方法について考えてみたい。

たとえば東京都女性相談センターは『女性・母子相談事例集』を毎年、作成している。2023年度で『第55集』である。「売春防止法」が1956年に成立し婦人保護事業が始まって間もなくから、この事例集は作られていることになる。婦人相談員が対応した実際の事例をまとめたもので、毎回10事例を掲載している。この中から3事例ぐらいを選んで、婦人相談員や婦人保護施設、女性相談センターの職員が集まり研修会も開催される。近年は私もその助言者として関わってきた。

全国の各都道府県に女性相談センターはあるが、他にこのような事例集を作り続けている自治体はないだろう。この事例集の記述は少しずつ変化したが、大体は定型のフォーマットになっている。現在そのフォーマットの項目は、「テーマ」「この事例を取り上げた理由」「家族状況」「相談経緯」「相談、自立支援経過等」「関係機関との連携」「考察・反省点等」「関連法規」である。最新の『第55集』では、初めて「家族状況」をジェノグラムで表記している。

この事例集を読むと、東京という大都市の相談員がいかに難しい問題を抱えている女性に対応しているかが分かる。一つの事例は5ページぐらいにわたり、各項目は重要な情報で埋まっている。それでも書ききれないエピソードや情報、経緯があるに違いない。この項目に沿って内容を書く作業に手抜きはない。

私はこれらの事例を読むたびに、問題の難しさに打ちのめされ、助言者として何を言うことができるかと悩んできた。また実際に研修会の場で、口頭で事例が説明されるとき、そこに書かれていないさらに重要な内容も知ることになった。この事例集はその事実が別の国や場所で起きていることではなく、過去のことでもなく私たちの今の現実であるだけに強く響き苦しいほど切迫感がある。

女性を取り巻く社会環境は複雑に変容している。SNSやインターネットの時代が、女性と男性の関係を変えている。人のつながりは目に見えないまま輻湊し、際限なく拡散する。性産業やセックスワークの情報も更新されていく。事例の記述に知らない言葉が混じるようになった。人びとの意識や行動が変化しているだけでなく、女性たちの成育環境や家族の状況は、もはや手がつけられない負のスパイラルを生んでいる。

だからこそ事例が書かれ、関係者が共有する意味がある。本書の前半でもいくつか実際に起きた事例を取り上げた。子どもを産み捨てた大学生の事件や、母子生活支援施設が対応したベトナム人女性のケースである。ソーシャルワークとは今に関わる仕事であり、目の前の問題に介入する役割を持つ。

もう少しこの『事例集』の内容を紹介しておこう。事例は「家族状況」も「相談経緯」やその後の経過もそれぞれ違う。例えば「発達障害が疑われる」とか「自傷行為を繰り返す」「暴力被害がある」「性的虐待の被害者」「精神疾患を抱えている」「望まない妊娠をしている」「DV被害者」「依存症である」など、その人の前景に現れる事実が端的に示されるが、その後景はどこまでも個別である。ソーシャルワークの事例研究では、これらの具体的な出来事を「インシデント」と呼んで研究のテーマとすることになる。事例研究について、たとえば『事例を通して学ぶ社会福祉援助』（1998年）という本では次のように語られる。

（最後に）事例研究の実施目的としてあげられるのは、事例研究の綿密な蓄積によってソーシャルワークの実践理論の構築につながるからである。ソーシャルワーク実践の深化のためには、帰納的に事例を一つひとつ検証していくことがとても重要なことなのである。ソーシャルワークにおける理論と実践の遊離が指摘されているが、事例研究による方法は両者をつなぐ橋わたしの役割をもつのである。（相澤譲治・津田耕一編 1998：6-7）

ここでは事例は実践を精査し一般性を探し出し、それを実践理論とする帰納法が前提とされている。それは言い換えれば過去志向の知である。事例を積み重ねそこから普遍性、一般性を引き出し、それを理論とし、次の実践に活用することを目的に「事例を通して学ぶ」作業が行われてきた。このように事例に一般性が潜むという前提があり、そこから実践理論が構築されるという知のあり方に対して、それと異なる未来志向の知のあり方を提案したのが村川論文である。

事例とは何か、事例化の構造

第1章で紹介した『看護研究』45巻4号では「経験を記述する」というテーマが取り上げられている。ソーシャルワークではこれまで事例という形式で、介入する問題や実践を書いてきた。それは理論が現実的な実践をとりあげる方法である。しかしそこに経験というソーシャルワーカーに焦点を当てた包括的な視点はない。

先に紹介した『女性・母子相談事例集』でも、事例は家族構成や相談の始まりから終結までの出来事の時間的な経過、関与した行政機関や婦人相談所、民間シェルターとの関係、さらに医療機関の診断名や女性相談センターにおける精神医学判定などが書き込まれている。最後に担当者の「考察・反省点等」として簡単なまとめがされ、そこにだけ相談員の言葉が出てくる。

紹介した事例集には「取扱いについては厳重にご注意ください」と太字で書かれている。ただソーシャルワークを学ぶうえで現実の具体的な問題や事実、またそこでどのような実践が行われたのか、どのような結果が得られたのかを失敗も含めてその経験を共有できれば、どんなテキストを読むよりも役に立つ。

また経験を書き、語り、議論し共有することでソーシャルワーカーは成長する。時間や手間がかかるこのような作業は、仕事を続けていくために必要不可欠である。相談員が日常的な業務の中で個人化して終わりにしているだけでは、仕事に対する社会的認知は得られないだろう。その意味でこの事例集と研修会の意義は大きいが十分とはいえない。

ソーシャルワークでは事例を分かりやすく理解してもらうために、文字だけでなくジェノグラムという家族構成の図式や、アン・ハートマンによって開発されたエコマップも使われる。当事者を中心に関係機関や関係者のつながりを、矢印や多様な線で繋げる図である。

これまでこのように複雑に絡み合い変化していく現実を見える形にして、議論の場に出していく事例研究のテキストも出版されている。東京都の事例集が明らかにするのは、相談のきっかけとなった問題や、その経過、女性に関する多様な情報である。両親が離婚した、母親あるいは父親によって虐待された、夫や親しい男性から暴力を受けた、売春をしていた、など書ききれないほど、ネガティブな情報にあふれている。

さらにＩＱの数値、境界性パーソナリティである、薬物依存やアルコール依存がある、統合失調症が疑われるなど事例の内容は個別の情報を持つ。医療や精神、心理判定の結果には、ＩＱの数値に加えて言語理解、知覚推理、ワーキングメモリ、処理速度という内容まで詳細に書かれているものもある。

相談員に提供される情報は科学的になり、その一方このような事例化は相手を一層客体化し相談員とのあいだの距離を広げる。確定的な診断名や測定数値を根拠に私たちはどのような理解に到達するのだろうか。医療における検査結果のように、判定や診断名や数値によってエビデンスに基づく介入方法が実現するのだろうか。

ソーシャルワークのプロセスとして、アセスメント、プラニング、介入、そしてモニタリングという医学モデルの応用が、ソーシャルワークの科学性を印象づけてきた。そしてこのような情報に基づいて、技術、社会資源によって客体である相手に操作的に働きかける実践を作り出していくために、事例研究の必要性が求められてきた。

残念だが事例が科学的な雰囲気をまとい、緻密なエコマップが作成されれば現実が解明されるとはいえない。そこには実践が持つ洞察や推論に基づく最善の説明が欠落しているのである。

事例がはらむ思考

事例に登場するのは、どこまでも対象者である。東京都の事例集でも「考察・反省点等」という最後の枠に、短く相談員の言葉が書かれているが、事例を経験した主体である相談員の姿はほとんど登場しない。それは客体すなわち事例として取り上げた対象の持つ情報や処遇の経過をできるだけ正確に書くことが、事例検討会や事例集が求める形式であるからだ。その整えられたスタイルが、事例の持つ論証性を保証すると考えられてきた。

このような事例のはらむ思考は、医学モデルでいう症例と同じ科学観である。先にも引用したようにソーシャルワークは、「事例研究の綿密な蓄積によってソーシャルワークの実践理論の構築」をめざしてきた。それが科学としてのソーシャルワークのあり方であった。

岡本民夫はこれまで行われてきた事例研究について、『新しいソーシャルワークの展開』（2010年）2章の「実践的研究法としての事例研究」で次のように述べている。

（しかし）、ここでの事例研究は、先行する医学における症例研究あるいは一例研究などと比較して、その徹底振りや深化の度合い、研究としての成果の保持、継承、発展などの側面において大幅な立ち遅れを散見することが多い。また、法律の世界における判例研究における多角的アプローチや深まり、継承性、成果の有効活用などの側面において、優れた実績のある世界である。（岡本 29－30）

岡本は事例研究の立ち遅れの理由を、個人情報管理の壁の高さに加えて現場の忙しさ、事例検討会や研修会などが少ないことにあると説明している。また事例研究とは「具体的事例を帰納法的に探求」し「経験法則を抽出していく方法」であるという。

しかし社会福祉の現場では「社会通念や常識で処理できる日常的なルーティンワークに忙殺され」「高度に論理化された理論と異なる経験主義的な法則の積み重ねに終始し、結局経験法則の体系的集積による法則定立型の学問に帰着するに過ぎないのではないか」という疑問に対し、ソーシャルワークには利用者ニーズの論理化という科学的方法があると反論している（岡本 30－31）。

このように事例研究の底辺には経験主義への警戒が感じられる。ただ言い換えれば日々の現場の仕事は、すべて事例の集積である。しかしそれらが事例という形になる機会は多くない。経験が事例化されて多くの人たちと共有される機会を作らなければならない。それは経験主義でも経験法則でもない。

たとえば東京都の女性相談センターの事例集を見ると、事例として整理されるのはその年のおよそ8万5000件の相談のなかの10ケースである。しかしたとえ10事例であっても事例集が作られ研修会が開催されなければ、相談員の経験は埋もれていくだろう。

ただ事例からソーシャルワークの理論を構築するという考え方について、私たちはもう一度事例自体の考え方に戻って再考する必要がある。岡本は「事例研究法」を「実践的研究方法」の一つとし、「先行する医学における症例研究」あるいは「法律の世界における判例研究」と比較し、ソーシャルワークは「大幅に立ち遅れている」という。

しかしソーシャルワークの事例は、症例や判例と単純に比較できるものだろうか。近年ソーシャルワークの事例は一般的にフェースシートや支援計画書などのスタイルで整理される。そこにジェノグラムやエコマップという図式が加わり、形式やフォーマットのスタイルは進化した。一見、形式知や科学知の様相をまとうようになった。

ただ帰納法によってある法則性に到達するための材料として事例が求められているという考え方や、「問題の本質を究明し、真実に迫る科学的な体系的研究としての事例研究」のために「事例そのものをいったん自分サイドから切り離して第三者的に対象化して客観的に観察」するという思考の枠組みを見直す必要がある（岡本33）。

単純にいえば事例とはソーシャルワーカーの主観によって多くのケースのなかから選ばれ作成される。そして帰納的な探究により本質、真実を発見し、それを理論とする知は過去志向の知であり、あらかじめ事例に普遍的本質があるという前提をもっている。だがこの前提が、ソーシャルワークにはそぐわないのである。

発達心理学の鯨岡峻は「事例研究の質を高めるために――関与観察とエピソード記述の周辺」(2002年)という題の講演で、このような客観主義の立場に対して、「事例研究は、従来の客観主義が導いてきたような科学性、客観性、公共性、あるいは再現可能性とは違うものを追っていると言ってもよいかもしれません」と話す(鯨岡3)。

そしてサリヴァンが主張した「関与観察」すなわち「感じ取る頭と客観的に見る頭の2つ」を持つことで、事例研究の質が高まるという。

関与観察においては、観察者である自分がその場に現前し、自分のからだをとおしていろいろなものを主観的に感じ取るということ、そして、その感じ取ったものがとても大事な意味合いをもっているということが大切です。(鯨岡 6)

このように事例は観察者あるいは実践者から切り離されることはできない。そして鯨岡が言うようにソーシャルワークの事例研究とは、「感じ取る頭と客観的に見る頭」の両方を必要とする。

岡田朋子は『支援困難事例の分析調査――重複する生活課題と政策とのかかわり』(2010年)で、「支援困難事例」について、「対象者の状況を困難だと判断しているのは支援者側」であるという。支援者の主観がはじめにある。そのうえでさらに詳細な分析をする。それは①支援者自身の条件、技能や資質、熟達度に関する事柄、②支援者自身が属する組織環境、支援にかかわる体制、をあ

げている。（岡田 33－34）
もちろん対象者分析もされているが、そこには対象者と支援者との相互作用があり、双方を囲む制度や政策も大きな要因であることはいうまでもない。ソーシャルワークの事例は、絡み合う多元的な要素を示すことができなければならない。そのためには書く側も読む側も深い推論や洞察が求められる。

シンボリックな相互作用としての実践

それは先の事例集にあった、「部屋を片付けるためにごみ袋を買いに行く」と言ったまま失踪したという事例であった。びっしりと書かれた「相談、自立支援経過等」の記録の最後に書かれていた意表をつくエピソードである。始めから終わりまで、覚えきれないほどエピソードの集積がある事例だ。高校中退、虐待、セックスワーカーとしての職歴、妊娠、出産、そのなかにA、B、Cと何人もの男性との関係とトラブル。相談員は利用できるあらゆる施設や社会資源につなげ、彼女の居場所を提供し続けてきた。その先には妊娠して生まれた子どもの乳児院措置という児童相談所まで広がる展開もある。

しかし最後の宿所提供施設からルール違反で退所させられ、再び女性相談センターの一時保護所に入るために部屋を片付けていたとき、彼女はごみを前に「ごみ袋を買ってくる」と出て行ったきり戻ってこなかった。事例はそこで終わっている。「主体性」を大事にして支援したという相談員は、

「主の真実はどこにあるのかと考えざるを得ない状況」だったと書いている。

この事例が研修会で語られたとき、相談員の落胆と戸惑いに対しコメントする言葉を見いだせなかった。書かれている文章のすべてのセンテンスが、相談員を悩ますインシデントの連なりであった。それに加えてこの事例は、宿所提供施設から退所を求められ部屋を片づけている最中に、「ごみ袋を買ってくる」と言って女性がいなくなって終わっている。ごみのなかには「大量の酒瓶、風俗ローション、コンドーム」そして「高級ハイブランドアクセサリーのレシート」が残されていた。

そして最後の「考察・反省点等」の欄に、相手の「主体性を考えて支援していた」しかし相手の「真実はどこにあるかと考えざるを得ない状況が続き」と書いている。相手の女性の行動の意味と真実を知ることは難しい。推測にも限界があり説明もできないといってよいだろう。事例として研究することで理解できるわけではない。

アメリカの社会心理学者、ハーバード・ブルーマーは『シンボリック相互作用論――パースペクティヴと方法』（1991年）において「人間集団とはこのような他者に対して何をすべきかを定義し、他方では他者の定義を解釈するということからなりたつ、ひとつの巨大な過程なのである」という（ブルーマー 12）。女性も相談員も記述される状況にいるすべての人間たちが、この果てしない相互作用のなかにいる。次のようなブルーマーの人間観こそソーシャルワークの現実である。

人間は、はるかにいっそう深い意味において「社会的」であるとみなされる――すなわち、自分自身に対して指示を行い、そういう指示に対して反応することによって、自分自身との社会的相互作用に関わる生命体という意味で、社会的とみなされるのである。（中略）この生命体は、自分が気づいたものごとを対象とし、意味を与え、その意味を自分の行為を方向づけるために使用するという、自己指示の過程に関わるのである。（ブルーマー 18）

女性の行動が、過去の悲惨な成育歴やＩＱ、病名によって引き起こされたとはいえない。これまで相手の主体性を大事にして、関わり続けた相談員への裏切りと断罪することもできない。ブルーマーの言葉を借りるなら、現在の場所から一時保護所に戻るという状況のなかでの自己指示なのであろう。女性相談センターの一時保護所に入るよりも、「アパート付きのデリヘル」「本番ありのソープ」「風俗」など、よく知っている性産業の場所に行こうと決めて、「ごみ袋を買ってくる」とその場の文脈に合わせて行動したのだ。失踪した女性は、自分の行為を社会的な相互作用の文脈にそって選んでいる。

これほど面倒をかけた相談員に「一時保護所には行かない」と言うかわりに、「ごみ袋を買ってくる」と言って出ていった相手を非難することでは整理がつかない。「社会的行為は、必然的に、社会的相互作用の内部で生じる」のである（ブルーマー 70）。

この「社会的相互作用の過程」を、「特別の形式に要約してしまう」ことが社会科学や心理学の誤りだとブルーマーは繰り返し述べている。すなわち個人の病理に理由を見つけようとすることの誤りである。そして経験科学に経験的社会的世界すなわち日常経験の世界に立ち戻ることを要求する。

ソーシャルワークは現実の世界を相手にする経験科学である。現実は人間の経験のなかにある。そこから離れた「心像や認識」のなかでは探究できない。しかもその経験世界は「心像や認識」に「挑戦してきたり、抵抗したり、屈伏するのをこばんだりする」という「頑固な性質」を持つとブルーマーはいう。それを「語り返してくる」と表現する。

「『いま、ここ』のうちに現れ、新しい発見が達成されるにしたがって、たえず作り直される」ものが経験科学としてのソーシャルワークならば、私たちは事例研究のなかに留まることはできない（ブルーマー 29）。

私たちは事例のなかに自らを登場させ、そこにある自分と相手の相互作用を記述して事例の現実を揺り動かしていかなければならない。

ソーシャルワークの経験を記述する

第1章で紹介した西村は「経験を記述する――現象学と質的研究」（『看護研究』45巻4号、2012年）の特集を組むにあたって次のように書いている。

人々の経験を理解しようとすることは、お互いの経験を交換し、新たな実践を生み出していこうとする私たちの営為である。

この「経験を理解する」という営みにはいくつかの次元がある。これまでの多くの研究では、ある状態にある者の「経験内容」を探究することに関心が注がれていた。経験内容の探究では、そのような状態にある人々に〝共通して〟見られる事柄を求め、概念モデルや理論構築がめざされる。この取り組みは、経験を学問知へと練り上げていく1つの方向と言ってもいいだろう。

しかし知を生成する方向性は1つに限定されてはいない。（中略）他者の経験を知りたいという関心は、いかに生まれてくるのだろうか？　これは、関心をもつ者ともたれる者との関係を分離したのでは見えてこない。人々の経験は、いかに生まれ、記述され、分かちもたれる（理解される）のか？（西村３１０）

このように書いて症例、事例、看護記録などというものとは別の「経験を記述」することによる実践の相互理解と探求の方法を示している。ソーシャルワークが実践として深化するためには、事例ではなく相手の経験とソーシャルワーカーの経験を繋げた「経験の記述」に挑戦しなければならない。

事例研究というやり方で実践を書くという方法が続いてきたため、ソーシャルワークの経験を記述したものは多くない。またそのようなスタイルで書くと「エッセイ」あるいは「随想」などと銘打たれて本道から外されてしまう。事例として決められた項目に沿って書かなければ、学術的なものとはならないというルールに縛られてきた。

しかし西村がいうように、ソーシャルワークの経験を知りたい、そこから自分の実践を見直しまた実践感覚を研ぎ澄ませたいと私たちは思っている。実際にソーシャルワーカーたちがそれぞれの現場の経験を書いた本は、大学のソーシャルワークの授業に有効だった。

事例ではなくソーシャルワーカーの経験の記述を読むことで、またそこにある感覚や感情を知ることで、仕事のイメージや現場にあるリアリティを知ることができた。もちろん達成感だけでなく、無力感や諦めも含まれていた。いやそのほうが多かった。またそのうちの何人かを教室に招き、直接語ってもらうこともした。私がワシントンの世界ソーシャルワーカー大会で感じたように、実際の人間の姿が雄弁に伝えるものがあるからだ。

経験は強く語り返してくる。私が『歩く日――私のフィールドノート』（1995年）を書いたのは、自分のなかにたまりこんだ経験とそこから湧き出す言葉を、どこかに放出しなくてはいられなかったからだ。

ソーシャルワークは相手だけでなく社会との相互作用の経験である。その経験という土俵にともに立つのがソーシャルワークである。「Aさんとの関係は相撲のぶつかり稽古のようだった。ぶつかられて何度も土俵の下に落とされた」（篠原 130）という母子生活支援施設の記述は、経験の身体性も示している。

もう一つの経験の記述を紹介しよう。それは婦人相談員兼松左知子の『街を浮遊する少女たちへ――新宿で〈待つ〉〈聴く〉を続けて五〇年』（2009年）である。兼松は長く東京・新宿区の婦人相談員だった。これ以外にも『閉じられた履歴書』（1987年）という著書がある。この本もそうだが、兼松は事例ではなくソーシャルワークの経験を書いている。

そこには常に自分が存在する。先の本はすでに定年退職したあとも、本のタイトルにあるように新宿の街で性産業にいる少女たちと持つ接点を書いている。かつては「苦界」と言われた場所は、キャバクラ嬢や風俗嬢などと華やかな雰囲気をまとい、「援助交際」や「ＪＫビジネス」などといった新しい言葉で現実を変えている。兼松が待ち合わせて話す少女たちもその流れる空気のなかを「浮遊する」。兼松はその同じ空気と時間のなかで自分もただよう。

> 私は、こうして、新宿の街のあらゆる場所で、少女や女性と出会ってきた。それは、彼女たち、個々の人間に投影される、そのときどきの時代や街の特質をあぶりだすことでもあった。彼女たちの生きている現実に寄り添い、ともに食事をし、笑い、怒り、異色の生き方や、新宿におけるさまざまな境遇の人物のことを語り続けることでもあった。
> そして彼女たちは、私にとっては魂のことを話せる相手であり、そしてまた魂について聴く相手であった。
> そのありのままの素顔に触れてきた私にとって、生涯のソウルメイト（みずからの人生を重ね、魂のことを話す相手）は、やはり新宿で出会った、彼女たちでしかない。（兼松　２００９：30－31）

兼松は満州で生まれ戦後、満州から引き揚げた経歴がある。その兼松にとって婦人相談員として出会う女性たちは事例ではない。自分につながる経験を分かちもつ「ソウルメイト」だったと言う。そこに主客の二項関係はない。

どのようにソーシャルワークの経験を書くのかを考えるとき、鷲田の言葉が参考になる。

対象にナイフの切れ味を押しつけるのではなく、対象がナイフの研ぎ方を指示してくるその声を聴くべきなのだ。そのために、ときにはわざとすべりのわるいことばが求められることもありうる。ごつごつしたことば、ひっかかりのあることば、ざらついたことばが。（中略）そこでは、個別的な問題が一事例としてではなしに、個別のままにかたちをあたえられるのでなければならない。個別的な対象や出来事の、その小面《ファセット》で点滅する〈問い〉を濃《こま》やかに描きだすのでなければならない。（鷲田 1999：33-34）

事例という形式ではなく、「エッセイ」として書くことで個別性を守り、「体系的な構築性に対して断片的な思考の力」を示すことができると鷲田は教えている。句読点が多用される兼松の文章のすべりのわるさは、経験の中にある事実が求めたものかもしれない。

実践から経験という共同性に向かう

はじめに理論から逃れて実践そのものに存在理由を返すこと、実践の持つ必然性をブルデュの力を借りて述べた。また私たちが実践を書くときの、事例という方法が持つ主体と客体の構造と事例化する視点の問題も考えた。さらにブルーマーの相互作用論から実践の共同性についても触れた。

本章のはじめに引用した「ソーシャルワークの経験」のなかで、私は研究者と現場、理論と実践という上下構造を批判している。私はこの関係を覆すことをもくろんで大学に身を移した。その時すでに実践という概念についても次のように書いている。

> 実践とは、現場のなかで行われる仕事を、理論の視座をふまえて取り出しているのである。実践という概念には非日常性がこめられて、現場の日常性になじまない。例えば「私の経験では」という表現は現場の言説になじむが、「私の実践では」という表現はそこにある雰囲気を壊す。実践は理論が求める概念である。実践は「理論と実践」という括弧で括られるなかに存在する。（中略）理論が措定する実践は、現場の日常性のなかから意図的に、客観化、理論化できるものすなわち取り扱いやすい部分だけを取り出し、それ以外の膨大な部分をそぎ落としている。（須藤 2015：30－31）

このように実践と理論との関係を確認してから私は経験に向かった。鷲田は『現象学の視線――分散する理性』（1997年）で「〈経験〉はこれまで散文化されすぎていた」と書き出す。そして次のようにいう。

> 経験の多義的で厚みをもった動性とその生き生きとした力能を取り戻すこと、すなわち「絶えざる誕生」としての経験の詩的《ポエティック》＝制作的《ポイエティック》な機能を再発見すること、ここに最初の課題がある。（鷲田 1997：91）

この表現ほど経験を救う言葉はない。ソーシャルワークでは経験という言葉が貶められてきた。経験主義というとき、知識や理論をもたず経験にだけ頼っている困った人という意味だった。経験の長いベテランという形容詞も、どこかネガティブな印象をまとっていた。近代の科学観はこのように経験という生身の人間が抱えるものを軽視してきた。鷲田の言葉はそれを覆そうとしている。

そして鷲田は「経験するものと経験されるもの」との二項的関係のあり方を問題にする。経験が共同性に媒介されて間主観的につくられ、「《わたし》の構成的機能は、このような《受動的な共同性》を基盤としてはじめて発動する」と考えると、実践という言葉が日常的な現場で口から出しにくかった理由が見えてくる。「日常とはまずは経験の《地平》現象にほかならない」とすると、経験は共同性を前提に考える必要がある。客体に対し実践をしているのは私という主体だととらえず、「受動的な共同性」をソーシャルワーカーたちは自覚していたからこそ、実践という言葉にためらいを感じていたのである。鷲田の言葉は実践を離れて経験に進む論理的必然を示唆している。

ソーシャルワークの経験を記述するのはソーシャルワーカーだとしても、経験は相手もしているとブルーマーのシンボリック相互作用論は教えている。経験の共同性を基盤に先の事例を振り返ってみよう。

「ごみの袋を買ってくる」と言っていなくなった女性は、相談員とともに居場所を求め、紆余曲折を経てきた。相談員は諦めることなく、拒否することなく女性の求めに応じていく。婦人保護施設の施設長から「人によって侵害されたものは、人によって回復する」と教えられたからだという。

女性は女性相談センターの一時保護所や婦人保護施設、さらにいくつもの宿所提供施設を経験する。そして最後には失踪した。女性と相談員の経験の共同性は、最後は相手の離脱となって終わっている。相談員は事例を書くという形で経験を解釈し、相手の女性はこの経験を経て失踪を決めた。

例えばＤＶ被害者となった人が、行政窓口で暴力から逃れるためにシェルターに入りたいと言ったとしよう。そのときに窓口の相談員と引き受けるシェルタースタッフは、女性の入所の意思や場合によっては離婚の決断などを執拗に確かめようとする。反対に危険な状況にもかかわらず、被害者の女性がシェルターに入ることをためらうこともある。

相談員側が断ったり、相談者側が決断できず躊躇して、その先のソーシャルワークが実現しないことがある。このようなとき、私が双方に助言したのは経験することの重要性である。シェルターに入った女性がどのような経験をして何を考えるか、またシェルターのスタッフや婦人相談員がどのような経験を得るかが大切である。経験という共同性を生み出すことがソーシャルワークの役割なのである。

経験の共同性については、6章でふれる井原美代子の相談論がわかりやすいが、ここでは「寿でＡＡミーティングを聴く」（『ソーシャルワークの作業場――寿という街』）という私の経験を紹介しておこう。横浜の寿町という簡易宿泊所街（通称ドヤ街）を担当していた6年間、私は街の真ん中にある労働福祉センターで開かれるＡＡ（アルコホリック・アノニマス）ミーティングに参加し続けた。アルコール依存や薬物依存ではない人も参加できるオープンミーティングが週2回あったからだ。

大げさに言えば、街全体がアルコールや薬物依存者で占められている街で何ができるのかと問う自分を支えるために、このミーティングに参加することにした。もちろんメンバーは私のことを「福祉の担当さん」と知っている。しかし私はそこではメンバーの話を聴くだけでよかった。ミーティングはAAプログラムに沿ってきちんと進められる。私はタバコの煙が充満するその部屋の片隅に座っているだけだった。メンバーは私など比べようがないほど、語るべき豊かな物語を持っていた。私は話すことを放棄し聴くことに徹した。だから時に司会者から指名されるとうろたえた。

ソーシャルワーカーがソーシャルワーク実践の主体であり、意図や計画や技術があり、それによって相手を依存症から立ち直るよう導くという構造を手放して、受動的な共同性に身を浸す時間が、AAミーティングを聴く経験だった。たまには女性の当事者もいたが、ほとんどは荒くれ者の男たちだった。最初は少し勇気が必要だったが、私はそこに自分の場所を確保した。そしてソーシャルワーカーとしての貴重な経験を与えられた。

ソーシャルワークというフレーム

ショーンは著書『専門家の知恵――反省的実践家は行為しながら考える』（2001年）でソーシャルワーカーを「ぬかるんだ低地を選ぶ人々」といい、それは「技術的解決が不可能なほどに状況が『めちゃくちゃ』に混乱しぬかるんだ低地」であるため、技術的合理性モデルを手放すようアドバイスしている（ショーン62）。ショーンはさまざまな専門職を取り上げているが、「神学や社会福祉のような専門職」は基礎科学や応用科学のような「収束的」な思考に対し、実践が持つ拡散する思考という特質があるという。それが技術的合理性モデル一辺倒の近現代の社会で、「メジャーな専門職」と「マイナーな専門職」という格差を生んだと述べている。

日本のソーシャルワーク研究では、今でもフレックスナーを引き出して専門職か否かを論ずることがある。しかしこのようなソーシャルワークの思考の特質に触れてはいない。そもそもソーシャルワークの根源から考えれば、メジャーかマイナーか、資格があるか無いかという議論は重要なことではない。

ショーンはソーシャルワークを「アクション・サイエンス」という。「技術的合理性の様式で科学から派生した理論や技術を応用することはできない独自で、不確実で、不安定な状況に関与している」サイエンスという意味である。その特質は「最適な曖昧さ（optimal fuzziness）であり、さらにいえば「有用な曖昧さ」である。「有用性のない厳密さ」ではない（ショーン１９４－１９５）。

適切な推論によって、曖昧であっても目の前の問題に対して介入するならそれはソーシャルワークである。しばしば引き起こされる児童虐待への不介入の結果を見ると、改めて理論ではなく「適切な説明を導く推論」という思考の必要性を感じる。

しかし私たちが見てきた現実は、このような状況に対する解決方法として、さらに緻密なマニュアルやシステムを考案するという方向に進む。まさに「有用性のない厳密さ」である。そうではなくソーシャルワークというフレームをもって、推論から介入にアクティヴに動く必要がある。

それはつまり、ウイリアムソンのいう「われわれのありきたりで単純な推論の能力」を十分に活用することである。

また、ショーンは哲学者という立場から、しばしばソーシャルワークに言及している。またそれがきわめて的を射ている。例えばこういう。

ソーシャルワーカーは、臨床的ケースワーカー、社会的行動のモニターと統制者、社会的サービスの提供者、クライエントの権利の唱道者あるいはコミュニティの組織者として自分たちの仕事にアプローチする。たしかに、１９６０年代の高揚期には、ソーシャルワーカーの中には、実践の役割に枠組みを与えるこれらすべてのやり方を順に行った者もいた。（ショーン１７９）

東京都の事例集に見る女性相談員の記録からも、このような多面的な仕事ぶりが明らかである。相談という心理臨床的な役割とともに、社会的な行動をモニターし統制する。またシェルターや婦人保護施設、宿所提供施設など利用できるあらゆる施設を提供する。医療や生活保護、児童相談所など関連する機関との調整を続ける。そして女性の人権、主体性、意思などを最大限に尊重することがこれらの場面で求められている。

ただ残念なことに、相談員たちはこの仕事をソーシャルワークという概念で認識しておらず、相談員という職名の枠組みにとどまっている。さらに職名は「婦人相談員」や「支援員」「指導員」と政策や法律でさまざまに表記されている。最近ではケアマネ（ケアマネージャー）という職種名が介護保険とともに広がったが、ケアマネージメントをソーシャルワークと認識していない。

このようにソーシャルワークという実践のフレームを持たないために相談員や支援員、ケアマネなどと名乗る人たちの理論的足場は弱いままだ。全体をソーシャルワーカーと括ることができれば実践はショーンの哲学につながる。

ソンプソンやペイン、また『ソーシャルワークの復権――新自由主義への挑戦と社会正義の確立』（2012年）を著したイアン・ファーガスンは、「あなたがやっていることがソーシャルワークなのです」と言って、ソーシャルワーカーたちを強く鼓舞している。

ショーンは「実践者が役割や問題に対する自分のフレームに気づいていない時、それらのフレームを選ぶ必要性は実感できない。フレームが機能している現実を自分たちが構成した、その方法に注意を払っていないのである」という（ショーン 177）。

さらに加えて「実践者が自分のフレームに気づくようになると、実践の現実にフレームを与える別の方法の可能性にも気づくことができる」、そして「フレームの自覚は、ジレンマの自覚を俎上にのせることにもなる」と述べる（ショーン 177-178）。

さまざまな現場で働く人びとがソーシャルワークというフレームに気づき共有することで現実は力強く変化するだろう。

第4章　「ゆらぐ」ことの力

ソーシャルワークのリアリティと「ゆらぎ」

アブダクションは、洞察、推論そして仮説という力強い言葉で支えられている。また哲学者ウィリアムソンは、「現代論理学の力」は「ありきたりで単純な推論の能力に由来している」と私たちを励ます。しかしその言葉を一枚めくってみれば、そこには迷い、動揺、分からなさ、「ゆらぎ」、曖昧性、また誤りを犯すリスクが見えてくる。しかし怖気づいてはいけない。

尾崎新はソーシャルワークのこのような経験を「ゆらぎ」ととらえ、『「ゆらぐ」ことのできる力――ゆらぎと社会福祉実践』（1999年）を編集した。ここで明らかにされるのはソーシャルワークのリアリティである。ただ尾崎は英語の混じる文体を好まず、この本ではソーシャルワークではなく社会福祉実践と書いている。

尾崎は専門職だから理論に基づいた答えを持っているというこれまでの認識を覆し、ゆらぎこそが「社会福祉実践の本質」だと考えた。「ゆらぎ」を許さないシステムやマニュアルは間違いだ、と言い切っている。そこから「『ゆらぐ』ことのできる力」と言いかえ、ゆらぐことを、ぐらつく弱さという認識からポジティブな認識に変換した。

尾崎はこの本の序章で、ソーシャルワーカーとして医師、看護師と一緒に面接した場面で、「がんばろう」と語りかける看護師に、「も・う・が・ん・ば・れ・な・い」と言葉を絞り出す患者に対し、何も言えないままだった自分を振り返っている。そして10年たっても消えない動揺や答えのなさ、無力感こそ社会福祉実践の本質だと気づく（尾崎　1999：6）。

この本の誕生にはいくつかの偶然が重なっている。私は尾崎新という研究者を全く知らないまま日本社会事業大学院の入学式に来て、その場で尾崎ゼミへの参加をお願いした。制度、政策でない実践系の教員のゼミとしてほかに選択がなかったのである。

リカレントコースの社会人学生とはいえ、乱暴で失礼な話だっただろう。横浜市の「国内留学制度」で大学院に滑り込んだ私に、準備する時間はなかった。そして数時間後には尾崎研究室にほかの学生たちと座っていた。私は学生になった満足感に満たされていた。

尾崎と私は46歳の同い年で、誕生日も1日違いという教師と学生だった。私は横浜市の社会福祉職という立場であるため、週2日だけの学生だった。そんな学生にもかかわらず、尾崎ゼミに『歩く日――私のフィールドノート』（1995年）という自分の本も含め、25年近くの仕事の中でたまりこんだものを遠慮もなく持ち込んだ。

この「ゆらぎ」論は、7章で「実習教育と『ゆらぎ』――学生と教員のスーパービジョン関係について考える」を書いている福田俊子が、学内学会で話したキーワードに端を発している。尾崎がソーシャルワーカーとして動揺した、ゆらいだ体験をモチーフにしているように、福田も実習指導教員として学生との間に生じた自分のゆらぎ体験を書いている。

実習にあたって、いくつか福田自身のミスがあり学生から反発される。またそれに対する謝罪の態度に学生からクレームがつき、福田が学生の前で泣く場面がある。そのような教員としてのゆらぐ体験とともに、学生自身も実習経験を通してゆらぎながらそれを実習記録に残している。この7章は福田とすぐれた実習記録を書いた学生との共作になっている。

尾崎の序章もこの7章も、日常体験としてのゆらぎ、感情としてのゆらぎをこれまでのように負の作用ととらえず、そこからゆらぎが持つ力を発見していこうとしたものである。

そこで尾崎がまとめた「ゆらぎ」の定義は、①「ゆらぎ」は、システムや判断、感情が動揺し、葛藤する状態である、②「ゆらぎ」は、混乱、危機状態を意味する側面ももつ、③「ゆらぎ」は、多面的な見方、複層的な視野、新たな発見、システムや人の変化・成長を導く契機である、というものであった（尾崎19）。

福田を中心にした「ゆらぎ」がキーワードの学内シンポジウムの小さな集まりに、私も学生として参加した。そのときの議論は、ソーシャルワーカーという専門職が理論や技術という確固たるものに依拠していないという、専門職としての弱さという認識に対して、決してそれだけではないとソーシャルワークのリアリティに一歩踏み込む作業だった。

「ゆらぎ」という自己組織性との遭遇

そこでの「ゆらぎ」論は尾崎が定義したように、日本語の「ゆらぎ」という柔らかく優しい意味を、経験のなかからポジティブにとらえ、実践概念に変えていこうという流れだった。

私は修士1年目の学生だったが、このような「ゆらぎ」論とは全く違った観点から発言した。私は大学院に入るずっと前から、社会学者の今田高俊が物理学の散逸理論から考えた「ゆらぎ」概念や自己組織性という概念に興味を持っていた。それは専門書ではなく、毎日読む新聞の小さな記事から手に入れたものにすぎない。またそれに関連し、物理学者の武者利光の『ゆらぎの発想――１／ｆゆらぎの謎にせまる』（１９９８年）などにひきつけられていた。

そのためシンポジウムの「実習教育とゆらぎ」という言葉を耳にして、新聞で読んで以来関心を持っていた今田や武者の「ゆらぎ」論が、私の口から飛び出してきたのである。

「援助方法論は理性的主体によって遂行される、社会的不適応の改善という目標実現のための技術化された論理と活動の体系であり、それは一種のテクノロジーなのである」という北米を中心にした「科学的ソーシャルワーク論」とともに、日本でもさまざまな批判的検討があった。たとえばシステム理論、ナラティブモデル、行動変容アプローチ、自我心理学、さらには実存主義など多面的にとりあげた論集がある（加茂陽編『ソーシャルワーク理論を学ぶ人のために』２０００年）。このような論調に強い反発を抱えていた私は、新聞記事を切りとり紙に張りつけた。当時は子育てと仕事に忙殺されて、この新聞記事に出てくる文献を手に取ることもできなかった。しかしここに自分が抱えているジレンマを解く鍵があるという確信を持っていた。

その80年代の褐色に変色した朝日新聞の記事が今も私の手元にある。まずその小さな記事を紹介しよう。一つは「『無秩序』と『秩序』最近学問断章⑤」（西島建男編集委員）という記事である。見出しに「『構造』ゆるがす生活世界重視」また「社会学の自己組織性」とある。そこには学問のパラダイムが混迷していること、社会システム論がシステムを制御し管理体制を秩序づけると批判し、意味や生活世界の重視が始まっていると書かれていた（朝日新聞1986年10月3日夕刊）。

80年代後半から90年代に入り、福祉事務所という行政の末端にある現場にも地域ケアシステムという言葉が侵入し、システムによってこれまでのやり方から何か新しい時代に移行するという空気が流れていた。ただシステムという言葉とソーシャルワークの現実との違和感は大きかった。

この記事に登場する今田の「システムの中で決定もされず制御もされない多元的な〝ゆらぎ〟から、どう秩序ができるか考えなおそうとするものです」という言葉が、私を直撃した。そこに出てくる「ゆらぎ」は、システムという言葉に戸惑う私に寄り添うものだったからだ。

また「ゆらぎ」が単なる日常語ではなく、「化学者のプリゴジーヌの散逸理論」に端を発したものであるということも知的関心を刺激した。「システム論では、ゆらぎや乱れは、均衡や秩序を乱す無秩序として無視されるか制御の対象に過ぎなかった」が、システムのなかの個人の「ゆらぎ」を自己組織性の視点から捉えれば、そこに新たな協同のネットワークが生まれるとこの記事は説いていた。私はここにソーシャルワークの実践感覚を見つけたのである。

もう一つの記事「変態進むゆらぎ社会」は、今田がアメリカから戻り『自己組織性──社会理論の復活』（１９８６年）などを出した後に、自身で書いたものだ。そこから引用しよう。

理性によって社会を意識的に制御でき、しかも知識を客観的に確証できるとする合理主義思想は、歴史上たぐいまれな機能優位の社会をこの世に実現させた。けれども、その代償として人間活動の重要な「意味」の問題を、社会の周辺領域に追いやってきた。モダンの発想にしたがえば、意味はふわふわとして、いい加減で、捉えどころがないものと映る。またそれは主観的で個人的なものであり、社会運営にとって些細で重要性が認められないのである。はたして、本当にそうだろうか。それはひょっとしてモダンの認識暴力ではなかったか。（朝日新聞１９８６年10月３日夕刊）

紙に張りつけ今は茶色に変色した記事は、私が抱える葛藤を救ってくれた。そしてお守りのように大切にスクラップしておいた記事と「ゆらぎ」という言葉が、私が10年後に大学院の学生になったとたん私の脳裏に現れた。驚くような熱量をもって予期しない視点から発言した私に、その場にいた人たちは驚いたに違いない。

尾崎新の「ゆらぎ」論

尾崎は私の発言に「面白いね」と言って、先の本の企画を進めてくれた。ソーシャルワークの研究者がエビデンスという言葉で実践にプレッシャーを与えているときに、尾崎は「ゆらぎ」に向き合う作業を周囲に呼びかけた。日本語の「ゆらぎ」は、弱さ、曖昧さ、無力さなど危険で克服すべき対象だった。専門家なら自身の「ゆらぎ」は隠したい、というのがこれまでの認識であった。

しかし尾崎は「『ゆらぎ』に向きあうとは、援助者が『何を言おう』『どう対処しよう』と考えることではない。少なくとも、『ゆらぎ』を否認したり、『ゆらぎ』から逃避しないことである」といい、その姿こそクライエントとの関わりを育てると考える。さらに「『ゆらぎ』は援助にしなやかな視点、発想を導く基礎である」と定義する（尾崎 297）。

「しなやかさ」は「間」とか「振幅性」という物理的なイメージすなわち「装置の柔性」のイメージであるともいう。哲学者の鷲田清一はこのように書いている。「揺らぎを許容するすきまが、剛性でなく柔性が、ひとの存在にしなりやたわみといった、少々のことではポキッと折れないしなやかな強さを与える」（鷲田 1999：93）。

この「ゆらぎ」に関する尾崎の見解こそ、アブダクションである。「あなたに私の哀しみが分かるのか」と詰め寄られるときの自分の「ゆらぎ」をクライエントに伝えよ、という。それが関わりを深めることだと考える。

具体的にいえば、さまざまな仮説をクライエントの生活史、家族関係や社会関係の歴史、援助の経過などを参照して、最も信頼性・妥当性の高い仮説を絞り込む。その結果、クライエントから「感情を伝え合う関わりが育っていること」を伝えられたのだと仮説を絞り込めば、次回の面接で「強い感情を伝えてくれて嬉しかった」と伝えるなどと判断する。あるいは、「援助者の反応が試されている」と仮説を絞り込めば、「たしかに、私はあなたと同じようにあなたの哀しみを理解することはできない。しかし、あなたに関心はあるのです」と伝えるなどと、関わりのつくり方を判断する。（尾崎　３１７）

このように仮説と推論を駆使している。仮説や洞察に終わりはない。そのためには「先輩・同僚・スーパーバイザーなどの意見」を求め、多面的な検討が求められるとアドバイスする。村川もこのような実践における対話の場、また記述することによる研究者との共有などがアブダクションを実現すると述べている。

尾崎は日本語を大切にする人だった。書かれた本はどれも分かりやすく優しい文体である。世界中で今も読まれるバイスティックの『ケースワークの原則――援助関係を形成する技法』（１９９６年）の訳者の一人だが、「カタカナ英語が混じらないソーシャルワークの本を書きたい」という言葉を忘れない。『「ゆらぐ」ことのできる力――ゆらぎと社会福祉実践』の最後に尾崎は次のように書いている。

社会福祉実践の発達とは、「まったくゆらがない」実践の力、制度、価値観、知識を獲得することではなく、しっかりとした制度、価値観などを獲得すると同時に、「ゆらぎ」を多面的に吟味する力を獲得していくことである。このような力を獲得し、蓄積してこそ、私たちは「ゆらぎ」にいたずらに翻弄されないだけの土台を築き、「ゆらぎ」を活用することができるしなやかな軸を育てることができる。（尾崎 325）

尾崎はこの本の序章第一節2「今、なぜ『ゆらぎ』を取り上げるのか――社会福祉実践は『ゆらぐこと』を忘れようとしていないか」で、「ゆらぎ」を社会福祉実践の研究課題とすることに対する周囲の違和感、抵抗などを予想している。しかしそのあとすぐ、「社会福祉実践の本質は、『ゆらぎ』との直面である」と書く。そして2頁余りのなかにこの言葉が4回も繰り返されている。尾崎の強い確信が伝わってくる（尾崎 7－9）。

この確信が具体的に展開されるのは、そのあとに続く10人の論考の最後の終章である。ここでは10人が「ゆらぎ」について書いたものを、丁寧に取り上げている。10人の執筆者は、尾崎を先生と呼ぶ院生あるいは元院生である。学生たちの素朴な論考にもかかわらず、それらのなかから尾崎は「ゆらぎ」についてさまざまな示唆を受けている。

尾崎の「ゆらぎ」論は、この本の完成までの時間と一緒に成長している。そして終章では次のように自信をもって「ゆらぎ」を以下の四つにまとめている。すなわち、「『ゆらぎ』に向き合う力は関わりを育て、深める力である」「『ゆらぎ』は援助にしなやかな視点・発想を導く基礎である」「『ゆらぎ』は関わりにおける他者性を自覚する基礎である」、そして「『ゆらぎ』は社会の構造や仕組みを見通す力の基礎である」(尾崎 292-293)。

アブダクションをこれほどわかりやすい、また実践を支える言葉で表現している文献はない。それは単に帰納、演繹に続く第三の論理であるにとどまらず、ソーシャルワーク実践を包括的に実現する基礎として位置づけている。

尾崎は「ゆらぎ」論をアブダクションとカタカナ英語に置き換えた私を笑っているに違いない。尾崎は序章で、サービスシステム、ケア・マネージメント、アセスメント、エヴァリュエーション、アドボカシー、エンパワーメントという言葉をまとった援助技術理論の潮流から外れたところにいる自分を認めている。

「カタカナが入らない本を書きたい」というほど、尾崎は言葉に鋭い感性を持っていた。しかし、ここでアブダクションという言葉を使うことを許してもらおう。

尾崎の「ゆらぎ」論に、次の5章で取り上げる看護学の吉浜文洋が着目している。尾崎の「『ゆらぎ』を全く経験することのない実践、『ゆらぎ』をすべて許さないシステムやマニュアルがあるとすれば、それらは誤りである。いかなるシステムも実践も、人を対象とするかぎり、つねに『ゆらぐことのできる』余地と幅をもたなければならない」という言葉は、ソーシャルワークだけでなく看護にも心理臨床にも強く響いている(尾崎 8)。吉浜は尾崎の「ゆらぎ」について次のように書く。

「ゆらぎ」は幅広い視点を生み、思考を多様なものに育てる可能性をもつ。問題を発見する視

点をもたらし、新たな発見や創造、実践の改善を指向する発想も「ゆらぎ」が導く。（吉浜２０１８：２３７）

「ゆらぎ」というやわらかな日本語はアブダクション以上の動きを含んでいる。吉浜は、デューイの「不確定状況」には知的な要素が働いていないという理解に立つのに対して、尾崎の「ゆらぎ」は「人を動かす」感情的思考と、「ものの意味を探り論理を展開する」認識的思考の両方を含み、それは別々のものではないと考えている（吉浜２３８）。

しかし残念だが日本語によって包括される思考の深さを私たちに教えて、尾崎は早々と逝ってしまった。

ソーシャルワークの曖昧性

尾崎はこの本で考察しきれず残した課題の一つに、私が書いた「ソーシャルワーク実践における曖昧性とゆらぎのもつ意味」という論文のなかの次のような言葉をあげている。「曖昧性という生活世界の特質と、ソーシャルワーカーの感じる無力感とは一体のものではない。無力感を与えてきたのは別のものだ」（須藤１９９９：２８０）。

私の言いたかったのは、ソーシャルワークは相手にする生活世界の「ゆらぎ」と曖昧性という特質を捉える理論的支柱をもたないために、科学的合理性の立場から、「ソーシャルワークは経験主義で非科学的だ」といわれ、したがって「専門職とはいえない」と批判され、その結果、無力感を持っているのだという意味である。尾崎はこの曖昧性についてソーシャルワークは「不健康に否認している」というが、私は「ゆらぎ」と同じように「誤って否認している」と考えていた。

ソーシャルワークが無力感から脱するために、私はこれまでの考え方に対抗する理論的知見を強く求めた。そしてこう書いた。

今田はふわふわして、曖昧で、捉えどころのなく映る現実、また主観的で、個人的で、些細なものの中にある意味の特質をゆらぎという言葉で表現する。精確さや合理性を第一にして、このようなゆらぎの世界を切り捨てたのは近代における「認識暴力」であるとし、「ビルトすべきは『ゆらぎの支援』である」と主張した。（須藤　２８３－２８４）

「仕事はシステム化できない」「マニュアル化できない」と発言する私は、地域ケアシステムというキーワードで再編されようとする職場から、切り捨てられる存在でもあった。そんな私を今田の考え方が支えてくれた。私の「ゆらぎ」論はここから出発した。

「ゆらぎ」や曖昧さこそがソーシャルワークの特質なのだ、それを科学的でない、合理的でないと否認することは、生活世界や経験の世界を切り捨てることだという考えから、私はこの論文を書いたのである。

私は「ゆらぎ」だけでなく「曖昧性」という概念を説明する研究も探していた。「それは曖昧だ」

とか「曖昧過ぎる」など、曖昧性は確かでない、精確でない、信頼できないという意味で否定されてきたからである。しかし現実は曖昧なまま動いている。アブダクションによって、今ようやく曖昧性が「一級の社会学的研究の対象」だということを確信できた。

私は社会学者で、哲学者であるアルフレッド・シュッツのいう、「他者によって動機づけられたり、他者を動機づけたりしながら、他者とともに、また他者のために」行われる社会的な相互行為として、ソーシャルワーク実践をとらえた（須藤 266）。またこのような社会的相互行為のリアリティに、米国の社会学者ジェフ・クルターがエスノメソドロジーの方法で接近していることに注目した。

その一つとしてクルターが示した事例が、一人の精神病患者をソーシャルワーカーと妻が何とか言いくるめて、病院に入院させようという場面の会話である（クルター 1998：52-53）。ここで私たちソーシャルワーカーが経験していることが、そのままエスノメソドロジーのデータとして研究対象になっていた。

クルターの分析場面は、精神病の症状が再燃した夫を精神病院に強制的に入院させなければならないという緊迫した場面である。その会話の流れをそのまま転記してみよう。

精神障害福祉事務所職員：（会話を開始しながら）医者のK先生に、あなたのところへ行って、あなたをお連れするようにと言われてまいりました。

患者：えーと，わたしはなんでもないですよ。

福祉事務所職員：でも、K先生とS先生が昨夜あなたとお会いになりましたよね。

福祉事務所職員：先生方があなたに今日の午後おいでいただくようにということで、わたくしどもがあなたをお訪ねするようにと言われまして。で車を用意してありますので。
患者：ああ、じゃあ、適当な時こちらから伺いますので、もしよろしければ。
妻：適当な時なんて言ってたら、結局いけないわよ。
患者：行くさ。
福祉事務所職員：えーと、そのー、つまりK先生はとてもお忙しい方で、今日の午後あなたと病院で会う約束になっているのです。
妻：先生と会いに行ったって、別に困るわけではないでしょ。
患者：別に、でも適当な時に行くほうが、そのほうが。
福祉事務所職員：高速で行けば時間がかからないし、M55にのってしまえばすぐですよ。
患者：いや、ここにいる。
妻：ここにいちゃ駄目なの。先生にお会いしなきゃ。

（須藤 52－53）

原文ではここに細かい記号や時間を書き込み、そのときの会話分析を行っている。それは省いたが、そこに流れる間や言葉のニュアンスや文脈は手に取るように分かる。このような経験を重ねたからである。

ソーシャルワーカーは「あなたをお連れするようにと言われてまいりました」と言うが、当人は強制的に入院させられることを十分、分かっていて「ああ、じゃあ、適当なときにこちらから伺いますので」とはぐらかし抵抗する。

その会話を聞いていた妻は「先生と会いに行ったって、別に困ることはないでしょ」と言う。「会いに行く」という言い方で入院の事実を避ける。しかし「いやここに居る」という返事に、「ここにいちゃ駄目なの」と本題に入る。

妻もソーシャルワーカーも力ずくの拘束は避けたいが、このまま家に置くことはできない。すでに法的に強制入院が決定されている。このような場面をどれだけ経験しただろう。時には数人の看護師や警察官などが立ち会って抱え込んで車に乗せたり、医師が注射を打って眠らせたこともあった。

それでも私たちはクルターの会話分析のように説得に時間をかけた。本人の気持ちを乱暴に無視したくなかったからである。クルターは精神病院への強制収容を、できるだけ患者自身の決断として実現しようとして、このような会話で現実を構成していると分析する。しかしデータからだけでは確実ではないと留保している。留保するまでもなく、ソーシャルワークの現実はこのような曖昧な偽装を孕んでいる。

ただこのような場面構造は極めて複雑である。入院は家族だけでなく地域社会からの強い要請でもある。私が担当した市営住宅に住む男性は、下の階に住む人が自分の部屋を揺らしていると訴えていた。彼の部屋に行くとベッドは鉄条網のようなもので固定されていた。彼はその揺さぶりに対抗して、階下の部屋に向けて水を流した。この行動は団地の住民全体の苦情になり、彼の強制入院が要求された。その矢面に立つのは生活保護の担当ケースワーカーである私である。

精神病院の入院歴もあるが、いやだからこそ本人は入院や治療を受け入れない。精神病院の入院は深刻な意味を持っているからである。失う権利の大きさを知っているのだ。長い入院になるだけでなく、今の住宅もなくなる。この症状が引き起こす問題以外は、彼が日常生活を丁寧に営んでいることを私は知っていた。

私もクルターがいうように、できれば彼自身が納得して決断してほしいと曖昧な会話を重ねてきた。しかしいつまでも続けることはできない。前の事例で「K先生はとてもお忙しい方で」と奇妙な理由を口にするが、私も保健所の嘱託医師に同行してもらって訪問したこともある。

「騙しの戦略」や「脅しの戦略」は、相手の行動が精神病の悪化による妄想であると決めつけた言い方を避けるための方法である。実際、不用意にこのような発言をして私は危険な経験をしたことがある。ところがソーシャルワーク理論はこのような重大な現実を見ていない。

エスノメソドロジーこそがソーシャルワークのリアリティに寄り添ってくれた。一時期、私はハロルド・ガーフィンケルのエスノメソドロジーに浸りこみ、日常世界をそのレンズを通して見ていたほどである。

この事例では最後に精神科医、私、県の担当職員、警察官が、階段の下に車を止めて説得に入った。関係者は相手の気持ちを傷つけないように説得に時間をかけた。私たちの曖昧な言葉が底をついた頃、彼が状況を転換しこう言った。「ご協力しましょう」。そうして彼が自分から車に乗った。

私はこのクルターの本を読んだとき、私たちのソーシャルワークの経験は、エスノメソドロジーという方法によって研究できると確信した。このような方法でなくてはとらえられない、曖昧でふわふわとした現実を相手にしていたからである。「ぐちゃぐちゃしている」とか「ふわふわしている」としか表現されない「ゆらぎ」や曖昧さを研究する必要があると感じていた。

クルターの訳者西阪仰は、曖昧な日常的概念を「精確な」科学的概念にしようとすると、捉えるべきものが失われるという。そして曖昧さは「一級の社会学的研究の対象」だと書いていた（西阪 293）。このような文献を抱えて私は話す相手を探していた。そんななかで、大学院のリカレントコースに入り「ゆらぎ」をテーマにした学内シンポジウムをきっかけに『「ゆらぐ」ことのできる力――ゆらぎと社会福祉実践』という本が尾崎によって編集された。私もその中に書く場所を与えられて、それまで考えてきたことを文字にすることができたのである。

M氏に関するエスノメソドロジー

同じような経験の一つとして、私はここで自著『歩く日――私のフィールドノート』から、「M氏に関する報告書」というエッセイを引き合いに出そう。養護老人ホームにいたM氏の精神病が再燃し、施設から精神病院に移すことになった経験である。

そのときの状況をクルターのように、エスノメソドロジーの方法で研究のまな板に載せることもできるだろう。しかしその当時、私はエスノメソドロジーなど知らず、また研究という視点から考えることもなかった。

いま読み直しても、その時の場面の細部までよみがえる。経験こそが私のソーシャルワーカーである証しだと思い、25年目に『歩く日――私のフィールドノート』をいわゆる「エッセイ」として書いた。最初で最後の一冊と考え、自分で撮った写真を表紙に使ってもらった。

しかし「エッセイ」とは「反体系的・反方法主義的な非方法の方法として、ものごとの細部に、その襞や肌理を微細な感触のまま取り出そうと」するものだというアドルノのエッセイ論が、その後私の「エッセイ」の理解を変えてくれた（鷲田 1999：39）。

そもそもM氏は生活保護を受けて精神病院に長期入院していた。しかし強い胸痛があり私は彼を一般病院に転院させた。胸痛は抗精神薬の副作用だった。転院先の病院に面会に行くと、M氏は廊下のベンチで、「次男家族は優しくしてくれるが頼れない、だからこれからのことはあなたに頼みたい」とゆっくりと話した。

私はM氏のために養護老人ホームを選んだ。ただ施設に入れるまでどこかで待たなければならない。精神的な病状は安定していたが、普通の老人病院はどこもM氏の精神科入院歴を理由に受け入れなかった。もとの精神病院からは、精神病が寛解していると断られ隙間に落ちたような状況だった。

M氏は精神病院に付設する高齢者向けの病院に移り、そのあとの終の棲家として公立の養護老人ホームに入所することができた。建て直された新しい養護老人ホームで構造が工夫された建物だった。ただし個室ではなく6畳の和室を二人で共有する。しかし同室者とのトラブルですぐ一人の部屋になった。私は実現した新しい養護老人ホーム入所で、M氏からの依頼を果たした気持ちだった。

しかし1年後ぐらいに、M氏は無断外泊し公園で寝て警察に保護されるなど問題を起こした。その結果、養護老人ホームでの生活は無理なので精神病院に移してほしいと言われてしまった。そのとき私に送られてきたのが「M氏に関する報告書」という文書だった。かなり遠い精神病院が引き受けてくれることになり、M氏を施設から病院に移す経緯を私は先のエッセイに書いた。

施設を出て遠い精神病院に入院することになったことを伝えようとM氏の部屋に入ってみると、机の上に聖書とドゥルーズの『ニーチェ』の本があった。言葉を発しかねて、私はその本をしばらく見つめていた。M氏は私が来た理由を分かっているらしい。先に苛立ちと施設への不満をぶつけられた。そのせいで「施設から精神病院に移らなければならない」という肝心な用件を言葉にできず、「息子さんは元気?」と言うのがやっとだった。M氏は「分かっていることを聞くんじゃないよ」と私の言葉を射抜いてきた。その日、私はそれ以上何も言えず帰った。

そのあと施設から病院にM氏を移送するために、次男と迎えに行った日の会話をエスノメソドロジカルに取り出してみよう。

次男：お父さん、ちょっと病院に行って診てもらおう。

M氏：どこも悪いところはないよ。昨夜は夜遅くまで起きて、眠いんだ。余計なことすんな。

私：Mさん、実はここにいられなくなったんです。とりあえず、一度別の病院に移ることにしたの。この前来た時、それを話そうと思ったんだけど、あまり疲れた様子でぐっすり眠っていたんで、そのまま帰ったんです。

M氏：何で出なけりゃいけないんだ。あまりにも突然すぎる。俺はここでいいよ。第一、ここの施設長から一言も正式に出て行けと言われていないじゃないか。

副施設長：事前に言うべきだったと思いますが、今日は施設長がいなくて。Mさんにとっては、ここよりずっといい所だと思いますよ。身体をよく診てもらいましょうよ。
〈私たちを相手にしないというふうに布団にもぐってしまったM氏〉
次男：父さん、出なきゃいけないんだよ。さあ，行こう。
〈抱きかかえようとする次男〉
M氏：暴力をふるうな。
次男：暴力じゃないよ。
〈その次男のつらさを救うように〉
M氏：とりあえず、一度外に出てくれ。

（須藤　51－52）

このときも私たちの筋の通らない曖昧な状況は、M氏によって建て直された。私たち三人はいったん廊下に出た。一息入れて次男が部屋に入り、さらに父親に声をかけた。目を閉じて動かないM氏に、若い指導員は「Mさん、お願いだから」と畳に頭をつけて言った。
最後は息子がM氏の身体を抱き起こして抱え、自分の車に乗せた。M氏はそれ以上抵抗しなかった。M氏の「なぜ出なけりゃいけないんだ」という言葉だけがまともだった。私たちの言葉はふわふわとしていた。だから言葉に力がこもらない。嫌がる父親を抱える次男の痛みと、その息子に最後はしたがうM氏の関係が状況を前に進めた。私はこの説得劇の途中、すべて投げ出したいような気持ちにさえなった。

そこにはこれ以上M氏の行動に対応できないという施設側の要請、次男や私の気持ち、当人の抵抗や諦めなどが複雑に絡んでいた。それが前のような会話となって現実を構成する。そこにあるのはふわふわとした文脈に依存しながら、しかし、より強い構造的力によって生成されるソーシャルワークのリアリティである。

一番科学的だと思われている医療や、確固たる法律で定められている社会福祉制度も、私たちと共にゆらぎつつ曖昧に現実を構築しあっている。この一つのソーシャルワークの経験からも、ゆらぎと曖昧性こそソーシャルワークの特質といえるだろう。医療もゆらぎと曖昧性に満ちている。薬の副作用による胸痛が示すように、M氏の病気が入院治療によって改善されるか不明なのだ。そこにあるのは仮説と推論である。

社会福祉施設の建物は確かにある。制度、政策は法律に基づき書かれた言葉で社会的枠組みを作る。しかし実際はすべてがゆらぎながら曖昧さを孕んでそこにある。

ソーシャルワーカーは医療や福祉の柱に頭をぶつけながら、クライエントとよろよろと進んでいく。そこにあるのは未来志向の知である。「開放的に折り合わされている曖昧さ」を強みとする未来志向の知がある（クルター　281－282 原注）。

尾崎が提起した「ゆらぎ」そして私が加えた「曖昧性」を、ソーシャルワークはこれまで否認してきた。しかし、アブダクションは曖昧なもの、ファジーなもの、不明瞭で不確実な状況について考えそれに沿って適切な行動をとることを承認する。「M氏に関する報告書」を読み直すと、ソーシャルワーカーである私も、次男、施設職員、医師もそしてM氏自身も、この先の現実を構築する未来志向の知の中でともに動いている。

意外なことに山奥の精神病院に着いて、そこにいる医師とM氏は次のような会話を私の前でした。

医師：ここに少し入院したほうがいいと思いますよ。
M氏：こんな山の中にかね。俺はその女を探してるから、街の中に住まなくてはだめだ。あんた、こんな山の中に毎日いるのかね。鹿児島の保養院に十年も入院しとっただ。
医師：僕もその加治木町の病院にいたことがあるんですよ。
M氏：加治木町に。

（須藤 56－57）

M氏は鹿児島の出身だった。関東の山奥の精神病院の診察室で、そこにいる医師と彼が「加治木町」という地名を懐かしげに口にしあう様子は忘れない。その日、施設からM氏を乗せてきた緊張した時間は、「加治木町」という私の知らない町の名前によって流れ出した。

そんな会話の後、M氏は私たちを引き連れるように先頭に立って病棟に向かった。無言だった。2か月後に私が病院に行って会ったときも、壁に寄りかかったままM氏は最後まで無言だった。これからのことを私にお願いしたいと静かに語った人でなく、「自分の思いを固めつつある青年」のような堅い表情だった。それは私への怒りかもしれないし、深い諦めかもしれない。私も無言に近かった。

広い畳の病室で、私たちの様子を見ていた数人の男たちが、私が立ちあがると「さようなら」と声をかけてくれた。M氏との関係はそこで終わった。私が次の職場に異動したからである。

私たちはソーシャルワークの特質を自信をもって明らかにしなければならない。またアブダクションという第三の論理に立つことで、無力感から抜け出さなければならない。アブダクションは「ゆらぎ」という言葉に包まれることによってさらに広がるに違いない。

第5章　看護とソーシャルワークのアポリア

共に働く

本書は『看護研究』の論文から始まった。ソーシャルワーカーは看護師や保健師と日常的に協働している。仕事の中身もかなり重なっている。特に地域ケアなどの場ではそうである。もちろんソーシャルワーカーは、看護だけでなく教師やカウンセラーなど教育や心理臨床とも重なり合う。

そのなかでも私の場合は看護との協働作業が多かった。一つには保健師や訪問看護師など医療が病院から地域に出てきたからである。日本では特に保健師という看護領域がある。そのうえ80年代半ば以降、福祉と保健を一体化する「地域ケアシステム」の政策が進み、ソーシャルワーカーは看護師、保健師と同じ場面を共有することになった。

地域ケアシステムという言葉とともに保健所と福祉事務所が一つの機構にまとめられ「保健福祉センター」という名称になった。横浜市では建物などハードを作る前に、ソーシャルワーカーと保健師が同席する「一体相談」が実施された。私がいた旭区役所では1階にある福祉事務所に「総合相談」

の窓口が作られ、３階の保健所から保健師が来て一緒に座った。しかし言うほどに簡単なことではなかった。政策の転換で急に求められた一体性は日常の中でさまざまな軋轢を生んだ。

看護職と福祉職はそれぞれの知識基盤に基づく教育システムによって、固有の職業的役割とアイデンティティを持つ専門職である。その固有性こそが近代の専門職の成立基盤である。それを表すように、保健師は白いシャツに紺のタイトスカートという制服を着ていたことを思いだす。病院であれば医師や看護師は白衣を着て、看護師は例の帽子もつけていた。

ただ実際の現場ではこのように乱暴に一体化される前からソーシャルワーカーと保健師は一緒に働いていた。同じ地域を担当するソーシャルワーカーと保健師は高齢者や障害者の相談に一緒に対応し、家庭訪問をし、その行き帰りに情報交換をしてきた。

たとえば家庭訪問をして、私が家族の状況や今後の方針を話しあっているとき、保健師は電子レンジで「おしぼりタオル」を家族に作ってもらい、高齢者の身体を拭き血圧を測った。またあるときは家では入浴もままならない男性の陰部を清潔にするために、保健師は男性をトイレの便器に座らせ、台所から持ってきたやかんの水で洗うことを家族に教えた。私もそばで様子を見ながら、ヘルパー派遣やショートステイなどの手続きを済ませた。ソーシャルワークと看護の連携は何の境界もなくその場で実現した。

ソーシャルワークと看護

　しかし理論や研究となると、看護とソーシャルワークは明確に分かれている。看護に対抗して、ソーシャルワークでは固有性を問う研究が重ねられてきた。

　前にも書いたように、ソーシャルワークの固有性に固執する専門性の確立はすでに時代の要請にマッチしていなかった。言うまでもなく対象とする相手は、地域で生活する人びとなのである。そこではそれぞれの固有性ではなく、かかわる専門職の融合的なアプローチこそが求められる。そのためチームワークや協働などが現場で働く専門職のキーワードであり、つながりや重なりを大事にしてきた。

　たとえばニール・ソンプソンは「教師や看護師等の人々に、自分もまたソーシャルワークを実践している」と言われたことを前提に、ソーシャルワークの固有性と専門性を考えている。ただ外から見ると同じように見えるさまざまな職種がほかにもある。そこから導いたソンプソンのソーシャルワークの固有性は次のようになっている。

・法的義務の遂行という重要な役割を持っている。
・ケアとコントロールの間の緊張をマネージするという重要課題を持っている。
・「間にはさまれる」というジレンマを持っている。

・社会の「ダーティーな」仕事をする必要を持っている。
・社会正義への関与を重視する。

（ソンプソン２００４：11）

そしてあっさりと「ソーシャルワークとはソーシャルワーカーがしていることである」と結論づける。またソーシャルワーカーだけがしている固有なことではないと力まずにいう。少し拍子抜けするような気持ちだが、これは私の経験にきわめて近い。このように実際の仕事からソーシャルワークの役割を示すソンプソンの『ソーシャルワークとは何か――基礎と展望』は使いやすいテキストだった。「ソーシャルワークⅠ」という科目で、大学1年生にソーシャルワークを教えるとき、このテキストにそって丁寧に具体的な形で話していった。行政の第一線でソーシャルワーカーとして働くなら、生活保護であれ障害者、高齢者、児童などすべての分野は法律によって動く。またそこにケアとコントロールという、相反する作用が生まれる。私が社会福祉援助技術というソーシャルワークの日本語訳を批判するのは、この言葉にコントロールというソーシャルワークのダーティな実像がないからである。

たとえば生活保護ケースワーカーとしてアルコール依存症の人に対応するとき、断酒していくためにＡＡ（アルコホリック・アノニマス）のミーティングに参加することを半ば強制した。アルコール依存症の回復は容易ではなく、そのわずかな方法がセルフヘルプグループだったからだ。

「間にはさまれる」とは、個人と社会の間を指している。目の前の個人と目に見えない社会という大きな力の間に介入するという意味だと、ソンプソンはいう。差別や偏見のなかで暮らす人に代わって、アドボケイトする役割がソーシャルワーカーにはある。当事者とともに社会に向かって戦うのである。そのときに支えてくれるのが同じ地区を担当する保健師だった。

私が最初に学生に伝えたのは、「ソーシャルワークとはダーティーな仕事だ」というソンプソンの言葉である。私の経験からもそういえるからだ。大学の社会福祉コースを選んだことについて「偉いね」と褒められたり、「人の役に立ちたい」「助けたい」という学生のそれまでの文脈をいったん断ち切るために、この身も蓋もない言葉は役に立った。

ソンプソンが看護師にいわれたという「私たちもソーシャルワークをしている」という看護師の言葉に戻ろう。少し前の研究だが地域精神医療に関わった訪問看護師の萱野真美は、論文「精神分裂病者に対する訪問ケアに用いられる熟練看護職の看護技術――保健婦、訪問看護婦のケア実践の分析」（1999年）のなかで、次のようにまとめている。

看護技術は①関係性を創る技術、②日常生活のケア、③地域で生活していく権利の擁護、④医療を受けることへの関わり、⑤症状の管理、⑥家族への関わり、⑦他職種・住民との共働、である。これはソーシャルワーカーがしていることである。したがって看護師がソーシャルワークをしているといってもおかしくないだろう。

もちろん④や⑤ではデポ注射や医師と薬の調整をするなど、医療専門職としての役割を持つ。しかしソーシャルワーカーも看護師も重なり合いながら、かつ補い合いながら地域で働いている。そこに視点の違いや役割の違いはあるが、どちらの存在も有効で不可欠だ。

ここでは深入りしないが精神医療が病院から地域ケアへ移行する流れに、ソーシャルワーカーが重要な役割を果たした。患者が精神病院を出て地域で暮らす精神医療改革は、地域の受け手であるソーシャルワーカーなしには実現しなかった。また訪問看護師や保健師も一緒に動いた。それは日本だけでなく世界的な精神医療の歴史である。その精神医療改革のために、看護師も医師もソーシャルワーカーと共にソーシャルワークをしたのである。

ゲーリー・ロルフの看護学の視点

そのような看護職との「一体性」からみると、ゲーリー・ロルフの『看護実践のアポリア――D・ショーン《省察的実践論》の挑戦』（2017年）は、そのまま「ソーシャルワークのアポリア」につながる。

ロルフはその序文で看護理論家が看護師に対して考えていることを、次のようにきわめて率直な表現で述べている。①看護師は研究雑誌を滅多に読まない。②読んでも理論を理解していない。③理解しても看護師はその理論を実践に適用せず、先輩から得た安全で慣れ親しんだお決まりの仕事や手順を選んでいる。このように考えている研究者たちは、実践が理論にもとづいて進められるために、さらに看護教育を進める必要があるという（ロルフ8）。

このような理論家の見解は明らかに看護師を侮蔑している。また社会的な現実を理解していないということもできる。しかし同じような認識はソーシャルワークにもある。本書でも、日本の研究者による同様のソーシャルワーカーに対する批判的な見解を紹介した。

このような認識を覆すために『私はソーシャルワーカー――福祉の現場で働く女性21人の仕事と生活』（2004年）の第2弾として、ソーシャルワーカーたちに自分の実践を書くよう求め『ソーシャルワーカーの仕事と生活――福祉の現場で働くということ』（2009年）を編んだ。この本はL・M・グロブマンの「Days in the Lives of Social Workers」（1999年、未邦訳）をモデルにした。50人のソーシャルワーカーたちが、仕事の経験を自分の生活を交えて書いたものである。

これまで書いてきたように、研究者は「ワーカーの実践力の脆弱さ」を嘆き、「経験や慣れ、勘、直感、に依存」していると批判する。また「日常的な体験から得られた常識的な知識をいったんは捨て去ること」を要求し、加えて「社会福祉の理論を体系的に学び、それを実践方法の知識に結びつける作業は、学ぶ側にワーカーを志向する明確なモチベーションと高い思考能力がない限り必ずしも容易でないことは明らかである」という（北川ほか2007）。

同じような看護研究者の考え方にロルフは次のようにはっきりと反論する。

> 理論と実践のギャップが生じたのは、看護師たちが研究に基づく理論を実践に適用することに失敗していたからでなく、むしろ研究が見当違いな理論を生み出していたからだ、と私には思われます。（ロルフ10　傍点原文）

そしてロルフは看護についてのこれまでの定義や理論の流れを紹介した後、「見当違いな理論」とは、「看護理論の基盤そのものが、個人的な実践と個別的な看護師‐患者関係について信頼できる情報を提供するという課題に適していない、ということである」と反論する（ロルフ31）。それはショーンが批判する「実証主義者の実践の認識論」である技術的合理性モデルのことである。そのままでは意味がわからない不確かな状況の意味を認識しなければならないとき、精神医学、社会福祉、都市計画のような実践は技術的合理性モデルでは解決できないというのがショーンの考えである。

看護の伝統的定義は、「看護とはひとつの科学であり、その科学に由来する知識を看護実践に適用するものである」（Andrews & Roy）であった（ロルフ32）。この定義こそ看護実践と理論の距離を広げ、理論から実践を遠ざけることになった。なぜならショーンがいうように技術的合理性モデルによる科学は、看護のように「当惑し、手を焼く不確かな問題状況」に対応できないからである。

看護や教育、ソーシャルワークなど個別な人間を対象とする実践科学には、その特質に沿った理論があるというショーンやパトリシア・ベナーの研究をもとに、ロルフはこの「見当違いな理論」に対抗している。このような看護理論の誤りはそのままソーシャルワークにも取り入れられてきた。しかしソーシャルワークでは、まだロルフのような反論すら十分されていない。

研究者が現場のソーシャルワーカーに勘や直感、経験を手放し理論に基づいた「科学的態度」を要求しているのは、これまでみてきたとおりだ。しかも否定する勘や直感について問い直すことがないまま、頭から否定し手放せという。そのために研究者を遠ざけ理論嫌いなソーシャルワーカーと、理論を学ばないソーシャルワーカーを軽蔑する研究者という不幸な構図が生まれてしまった。

しかし看護では、看護理論家であるベナーは熟達者の研究で、ショーンの「行為内省察」と「行為への省察」につなげて直感を探究している。ただしそのベナーの研究に対してロルフは、「直感とは、ベナーが述べているような知りえないものとか、不合理な過程といったものではなくて、仮説を立てて検証するというそれと意識しない形式と考えられよう」とベナーに反論している（ロルフ140）。

看護研究者は直感を棄てるどころか、そこに実践の核心であり熟達の質を見出している。つまりソーシャルワークが直感や勘を手放すなら、それはソーシャルワークの熟達を手放すことである。その結果、ソーシャルワーカーの熟達を研究する手がかりを失う。ソーシャルワークがアブダクションにも近づくことができなかったのはこのような背景も関係する。

看護とアブダクション

専門教育の中で教えられる理論や実践モデルが全く不要だとはいえないが、しかし「見当違いの理論」だと結論づけたロルフは、そのために「まず伝統的な科学パラダイムに代わる別のパラダイムを見つけなければならない」という（ロルフ53）。

伝統的なあるいは「正統な」パラダイムによって看護師の実践を否定するのではなく、もう一つの「正統な」パラダイムがあることを認める必要がある。それが「仮説生成－アブダクション」であるとロルフはいう。

ロルフはうつ状態にある事例に持ち込む自分の仮説や知識、また「患者との関係の深さと強さ」の全体の中で、自分の介入の正当性を検証している。それは一般化できない試行理論であるが、自分が考える理論と実践はつながっている。それがショーンのいう行為内省察であり「理論と知識の構築という真の仕事は、実践の現場で実際の臨床業務の最中に生じるものである」と考えている（ロルフ67）。

またロルフは、研究者が作る理論ではなく、実践者が実際に現場で動きながら生み出すものが看護師にとっての理論であるという。その理論は「一般化できない試行理論」である。いや実践の理論とはどこまでも不確かで疑わしい試行状態なのである。それはこれまでの理論の客観性や一般性をひっくり返すものである。

一般化できない試行理論が、理論と実践のギャップを嘆き実践を「見当違いの理論」によって否定するこれまでの悪循環を断ち切る。ロルフは「科学的研究の帰納法や演繹法の難問にさらされないこと」は、「理論－実践のギャップを広げるようなことは何もしない、ということ」だという（ロルフ67）。

同じことがソーシャルワークでもいえるだろう。そのとき、その場で、個別性を前にさまざまな仮説を考え、それに基づいて行動していくのである。そうすればソーシャルワーカーは理論と実践のギャップをまぬがれる。

ロルフは「仮説生成－アブダクション」というタイトルで、これまでの科学パラダイムの帰納法や演繹法によって理論が実践に導く、指示するという看護理論と実践のあり方を見直している。「有限個の個別的観察がひとつの大局的理論に一般化される帰納法」と、「大局的理論を個別の事象に適用する」演繹法によって、現実と科学を一致させようとするドグマを手放し、もう一つのパラダイムであるアブダクションに到達する（ロルフ37）。

ロルフはこれまでの演繹と帰納という科学パラダイムを否定するものではないとも繰り返している。また看護師やソーシャルワーカーたちは、個別的な事例の経験からロルフのいう「仮説生成－アブダクション」というパラダイムの存在を暗黙のうちに知っていたともいえる。ただアブダクションという論理学の言葉を知らなかっただけである。ロルフはこういう。

　アブダクションの推論こそ、試行的、個人的、微視的な理論構築の科学的プロセスにおいて、まさしく私たちが探し求めているもののように思われる。なぜなら私たちはこの推論のおかげで、個別的な諸事例を説明するための特定の理論を、その事例についての自分の個人的な、暗黙の知識から生み出すことができるのである。（ロルフ56）

私の場合は、村川論文や米盛によってアブダクションにたどり着いた。そしてベイトソンがいうように「安らぎ」を得た。

日常の看護実践が技術的合理性モデルでは解決できないという事実を前に、目の前の一人の患者に最良のケアをするためには、それを潔く手放して自らの推論と試論に立ち返るべきだという確信を持たなければならないとロルフはいう。

ロルフはうつの患者のケアについて、もちろんうつ病に関する医学的な知見抜きには成り立たないが、「うつ病」という医学的診断も不確かさを抱え、仮説や推論の上にあるという。さらにその状況に持ち込まれるロルフの個人的知識や患者とロルフの関係の深さや強さも一般化できない（ロルフ 57－59）。理論はどこまでもその事例固有の試行理論であることを確認し合う関係が、臨床の現場にあることを示している。

ベナーの5段階モデル

ロルフはこの本の後半で、１９８４年に刊行された「From Novice to Expert : excellence and power in clinical nursing practice（邦訳は『ベナー看護論——初心者から達人へ』２００５年）」について批判的に検討している。それが第3章の「技術的熟達を超えて——P・ベナーが陥った排中律の罠」である。「排中律」とは「任意の命題に対して、それが成り立つか、成り立たないかいずれか一方であって、その中間はないことを述べた論理学の法則」（コトバンク）である。

私がこの章に強く関心をもったのは、看護学の権威であるベナーの研究に基づいた「技能習得に関するベナーモデルのソーシャルワーカーへの適用」という研究に参加したからである。私たちの研究に入る前に、ベナーの『ベナー看護論——初心者から達人へ』と、これに対するロルフの批判的視点を紹介しておこう。

ベナーのこのモデルは、Ｈ・ドレイファスとＳ・ドレイファスが開発した技能モデルから導かれたものであり、私はこれに関してその後、大学の紀要に論文「ソーシャルワーカーの熟達——看護、教育における研究とDreyfusモデルの検証」（2010年）を書いた。

ドレイファスはチェスプレイヤーとパイロットを対象としてビギナー、中級者、上級者、プロ、エキスパート、という技能習得のレベルの推移を研究した。これをベナーが看護実践の成長モデルに活用したといわれている。

ベナーは初心者と熟練看護師のペアのインタビューデータから見えてくる「経験に埋め込まれた臨床知」の鉱脈を探り出し、5段階モデルを構築した。

どんな仕事にもこのような経験の積み重ねによる成熟がある。しかしそこには個人差や経験プロセスの違いもある。当然すべての人がこのような5段階モデルにあてはまるわけではない。このようなことは研究者以上に実践者自身が分かっていることだろう。

職業や仕事を続けていくと、そこに費やされる時間と努力が生み出すものがある。初心者あるいは新人と、ベテランの力の差はどんな仕事にもある。そしてベテランといわれる、仕事に習熟した人材無しに社会は機能しない。

ベナーのこのような研究は、直接可視化できない経験という人間の営み、特に社会的に必要とされる専門的実践を明らかにする重要な研究である。熟達に到達するエキスパートがまれな存在であっても、このような研究によって自分の先にある姿を知り、私たちはエンパワーメントされる。

看護師、教師、ソーシャルワーカーなどの専門性や熟達は、当事者だけでなく社会にとっても重要である。近年、社会福祉の現場で起きる深刻な事故や虐待による子どもの死などは、専門職といわれる人びとへの疑念を広げている。また事件が起きると単純に現場の人手不足の問題に帰されることも多いが、しかし数だけではなく、その質が問われなければならないだろう。

このような簡単に判断しにくい仕事の習熟度の研究に道を開いたのがベナーの5段階モデルである。看護だけでなく教育分野でもこのモデルを使った成長、熟達研究が行われている。ベナーの5段階モデルは看護師の「経験に埋め込まれた臨床知」を、インタビュー調査からすくいだしそこから「初心者Novice」「新人Advanced」「一人前Competent」「中堅Proficient」「達人Expert」の5段階発達モデルを導いた。

これに対して、このような一般化の限界や、研究方法、現象学的アプローチについてさまざまな批判も生まれた。たとえば西村は「ベナーの思想ないし方法論には曖昧で疑問に思える点があるのだが、とりわけ彼女の主張には看護経験が生成される次元に関する論及が抜け落ちていると考えられる」と批判する（西村２０１８：２３６）。それでもベナー看護論が与えた影響は大きい。

ソーシャルワーカーの成長

さて、私たちの研究テーマは「ソーシャルワーカーの成長」であった（章末注参照）。それはベナーと同様に、現場の実践経験からソーシャルワークの質を考えようというものである。これまで日本ではソーシャルワークのテキストのなかで、「ソーシャルワーカーは専門職ではない」（フレックスナー）、「すでに専門職である」（グリーンウッド）などという言葉が引き合いに出されてきたが、肝心な実践家モデルの研究はほとんどなかった。

そこで隣接する看護師の成長・熟達に関するベナーの「技能習得の5段階モデル」をもとに、ソーシャルワーカーの成長や熟達を研究することになった。その基礎文献が、『ベナー看護論――初心者から達人へ』だったのである。看護学のモデルをソーシャルワークにそのまま持ち込むことはある種の飛躍がある。それを意識しつつも、先行研究がないなかでの一つの挑戦だった。

私たちは5段階モデルをもとに、精神保健福祉において先駆的な実践を蓄積している北海道帯広・十勝地域のソーシャルワーカー17名のインタビュー調査を実施した。17名は6か月の新人から、38年の経験を持つベテラン精神保健福祉士たちまでである。

報告書『精神保健領域におけるソーシャルワーカーの技能習得に関する発達段階モデル第1報――臨床経験2年未満のデータ分析より』（2008年）では、臨床経験2年未満のワーカーすなわち初心者レベルでは「自己に対する関心の強さ」や、「見立て、予測、それにもとづいた関わり」ができないという特徴をつかんだ。また実践の後の「行為についての省察」（ショーン）に関して、自分に自信が持てないため自分を中心に振り返る傾向が見えてきた。そしてこの時期の成長は「援助者としてのモデル」となるスーパーバイザーなしに実現しないことも分かった。

『第2報』（2008年）では、臨床経験10年未満のワーカーを対象とした。それはベナーモデルの一人前モデルである。一人前という言葉は、すでにソーシャルワーカーとして自律的に仕事ができるという意味になる。しかしそこには初心者、新人レベル以上に多様な個別性がある。そしてインタビューでの言葉も豊かになる。

たとえば「タイミングをとらえる」「対人関係を通して理解する」「反応を予測し、問題を事前に回避する」「もやもやと見えてきた」、さらには「独自のスタイルを模索する」など、一人前のソーシャルワーカーとして働いている日常が語られた。「自分のスタイルや援助者像がまさにもやもやと見えてくる」のである。

『第3報』（2009年）では、この一人前レベルから第4段階中堅レベルへの移行過程をまとめた。ベナーは第4レベルになると「蜘蛛の巣のように張りめぐらされた」大局観を通して、深い状況理解が可能になるという。

ここでインタビューしたCワーカーは初めての人格障害の女性ケースについて、見立てや予測を柔軟に作り変え、足探りするように進んでいった経験を詳細に語った。状況は常に流動し相手とともにワーカーも意識的に後退した。中堅レベルという固定的なレベルではなく、時に新人レベルにも戻る。なぜなら新人のように戸惑い困惑することが多かったからである。しかしこのソーシャルワークの経験は相手の自殺で断ち切られるように終結した。

このインタビューから見えてくるのは、「試行的、個人的、微視的な理論構築の科学的プロセス」（ロルフ）であり、アブダクティブな推論と関わりの実践である。不確かさや誤りやすさ、予測困難さそのものの状況と、ソーシャルワーカーの厳しい対決のプロセスだった。女性の死への答えを求めて、Cワーカーは私たちのインタビューでこの経験を語ったのだろう。

ただ残念だが私たちの研究はここまでで、第5段階の達人までは到達しなかった。ベナーの研究では達人レベルに焦点をあてている。熟達を研究することが専門性の研究には必須である。ベナーは「私は間違ったことはありません」と自認するだけでなく、周囲からもそのように認められる調査対象者グループを選んで研究している。私たちはそのような対象となるグループを見つけられなかった。看護、教育、ソーシャルワークなどの違いはあっても、その熟達とは何かを考えることは重要で興味深い。残念だがソーシャルワーカーの成長について残されたテーマは、今も手つかずのままである。

ロルフのベナー批判と熟達

ロルフはベナーがドレイファスモデルに基づいて引き出した、熟達した看護師の次のような言葉を批判する。

> 私は医者に「あの患者には精神障害があるわ」と告げるとき、必ずしもそれを証明できる具体的な根拠があるわけではありません。でも、私は決して間違うことはありません。精神疾患のことは、隅から隅まで知っているからです。私はそれを感じるし、それが分かるし、それを信じます。（ロルフ １３６）

ロルフはこの「直感的思考は論理的思考を超えている」という。ベナーの「直感的把握モデル」の限界が多くの人から指摘されている。ロルフは直感そのものや直感に頼ることを否定はしない。しかし「技術的熟達が知られていないもの、知りえないものであり、一つの直感の形式であるとするベナーの立場に、真っ向から対立する」と次のようにいう（ロルフ １４３）。

（ただ）ベナーが、「技術的熟達は、科学的論理に基づいているのか、まったく論理に基づいていないかのどちらかでしかない」という、**排中律**の論理の罠に陥っている、と言いたいのである。多くの科学者たちの期待と説得に反して、我々には科学的方法以外の別の論理があり、別の合理性があるのだ。技術的熟達が不可知であることを論じるために時間とエネルギーを費やすより、それがいったい何なのかをもっと積極的に探究すべきではないだろうか。（ロルフ143－144　太字は原文）

ロルフの意見は「それは科学の形式論理ではない。むしろ、以前別のところで書いたように、看護の熟達者は、アリストテレスの論理式を逆さまにしたアブダクションとよばれる一種の帰納形式を用いているのである」というものである（ロルフ143）。

ベナーがこのような罠に落ちたのは、ドレイファスモデルの「技術的熟達者」と看護のような高度に認知的能力に依存する「再帰的な実践者」すなわち「自分の仮説－検証においてその場で直接に自らの実践を修正していく」看護師を区別しなかったからだと、ロルフは結論づけている。ソーシャルワーカーもまた「再帰的な実践者」である。仮説や推論を実践の場で修正する「行為内省察」のなかで行動する。

私は先の帯広・十勝地域をフィールドとした「ソーシャルワーカーの成長」に関する共同研究が終わった2010年に、ドレイファスとベナーを繋げた論文「ソーシャルワーカーの熟達――看護、教育における研究とDreyfusモデルの検証」を書いた。残された熟達ソーシャルワーカーの研究の入り口を開いておこうと考えたからである。

Ｈ・ドレイファスは２００８年に日本で訳された論文「心的作用の神話の克服――哲学者が日常的な熟達者的知識の現象学からどのような恩恵を受けるか（１）」（『思想』１０１１号、２００８年）で、熟達について次のように書いている。

熟達者になるには、客観的姿勢での規則遵守から、より没入的で状況特異的な仕方での対処へと転換しなければならないことを、実際の現象は示唆している。（中略）例えば、ある看護実習についての研究が示したところでは、客観的姿勢に留まり規則に従っていた者は、「一応一人前」のレベルを越えては決して進歩しなかった一方、感情的に没入し、自分の成功と失敗とを心底受け止めた者のみが熟達者へと成長していった。（ドレイファス43）

私の想像だが、それまでの自分の「熟練による技能や身体化された認知についての哲学的考察」が、看護の研究につながるとドレイファスは予想もしていなかっただろう。しかし論文ではこのように看護実習に言及している。

ドレイファスは熟達について、このような人間個人の問題に着目することを「西洋哲学の合理主義的伝統」から否定するのではなく、「知覚者の非概念的構えは、知覚において信念、推論、判断に相当する」という。そしてこれが現在進行的な対象を捉えることに成功する実践的、客観的知識なのだという。

熟達者と実践共同体

熟達者の現象学的把握は、社会を構成するあらゆる仕事にあてはまる。しかしさらにその細部に分け入ると、ロルフがいうようにさまざまな差異が見えてくる。チェスプレイヤーやパイロットと、看護師、教師、ソーシャルワーカーのあいだにある大きな違いは、その行為が単に技術的熟達という個人的要素に完結しないということだろう。社会的、状況的な変化と流動性、多元性さらには対象とする人間との関係性など、すべて個別であり具体的である。

ロルフのいう「技術的熟達者」と「再帰的な実践者」という大きな差異から考えるとき、熟達を単に感情的な没入と片付けられない。加えてベナーは被調査者たちを、周囲の人々から熟達した看護師という認識をえられたエキスパートから集めている。そこにあるのは看護という、ジーン・レイヴとエティエンヌ・ウェンガーがいうところの「実践共同体」である。

先の私の論文では、このレイヴとウェンガーの「実践共同体」に注目した。またその論文では認知心理学の野村幸正のいう、「熟達化の階梯という考えには、階梯の差を見出すことができる熟達者の存在が必要だ」という認識にも納得した（野村２００９：73）。熟達者の存在を見つけるためには「実践共同体」が必要である。ベナーの研究も実践共同体を背景にしているのである。

ソーシャルワーカーという仕事は、『社会福祉実践の共通基盤』（１９８９年）の著者Ｈ・バートレットがいうように、明示しにくい専門職だ。日本では一層、その傾向が強い。社会における共通の合意にすら達していないという意見もある。それはソーシャルワークの「実践共同体」が成立していないためである。

日本ではソーシャルワーカーは十分な社会的認知に至っていない。社会問題の解決をフロントラインで担うソーシャルワーカーが見えないのだ。そのため熟達研究が実現しない。この堂々巡りを打破しなければならない。

たとえばドメスティック・バイオレンス（ＤＶ）が世界的な問題として明らかになったのは90年代であった。日本でも北京での世界女性会議（１９９５年）を機に、シェルター運動が広がり２００１年にはＤＶ法が成立した。その大きなうねりに参加していた私は、これこそソーシャルワークであり、それを担うのがソーシャルワーカーだと思った。

しかしそこにソーシャルワーカーという専門職の名前は出てこない。その一方で幅広い女性運動のグループが現実を動かした。ただ実際に相談から一時保護そして離婚や、新しい生活の実現という一連の現実をサポートするのは、売春防止法によって規定された婦人相談員であった。

３章でもふれたが、今は女性福祉相談員といわれることが多い婦人相談員は、「社会的信望があり、かつ、第三項に規定する職務を行うに必要な熱意と識見を持っている者のうちから、婦人相談員を委嘱するものとする。」（売春防止法35条）という法律の条文が示すように、「熱意と見識」にしか拠り所を持たない。そしてソーシャルワークという実践のフレームがないという専門職の足場の弱さが露呈した。

DVへの介入や解決は、法律の制定とたんなる熱意や見識では不可能である。ジェンダーやフェミニズムの思想と、責任を持ったソーシャルワークなしには持続的に対応できない。その結果、現在DVシェルターは利用者が減って閉鎖される一方、コロナ禍を経てDV問題は増殖し子どもまで蝕んでいる。

また日本ではソーシャルワーカーの「実践共同体」は、社会福祉士や精神保健福祉士のような資格で細分化されている。資格や職務名、さらには領域別に分立して組織されて全体を包括するソーシャルワークの「実践共同体」が見えない。それがいっそうソーシャルワーカーについての社会的認識を浅くしている。

レイヴとウェンガーの示唆を受けて、私は論文で次のように書いている。

> 熟達は、単に個人的な行為や認知にとどまらず、共同体の外側から中心に向かって移動していく「実践共同体」への「正統的周辺参加」として実現されなければならない。（須藤 2010：35）

レイヴとヴェンガーがいうように、親方に弟子入りするように、ソーシャルワーカーは「実践共同体」に入り、経験豊富なワーカーとともに働くことによって成長していくということである。

看護とソーシャルワークの重なり

保健師と机を並べて相談を受け、病院で看護師と会い、また訪問看護師に同行する日々だったにもかかわらず、看護師の知識基盤やその技能また看護学についての私の理解は貧しい。

看護師や医師が「自分たちもソーシャルワークをしている」ということはできても、ソーシャルワーカーが看護役割もできるとはいえない。看護が医学に基づく科学技術を学んでいるだけでなく、その医療行為が法律によって規制されているからだ。

ただソーシャルワーカーは医療の持つ技術や処置またその選択について、時には当事者に代わって意見を述べる。それはアドボケイトといわれるソーシャルワーカーの役割である。そのために私は看護や医師に見えていない、患者の社会的環境についての情報提供をためらわなかった。

ある難病患者の診察場面で「先生、一度彼の部屋を見ていただけますか」と言うと、医師はすぐ来てくれた。彼が身を横たえる簡易宿泊所の空間を医師に見てもらったうえで、次に進む必要があった。それが私のアドボケイトだった。

看護とソーシャルワークは専門教育システムも資格も全く別々であるが、実際の現場では二つの専門職は融合している。助け合って問題に対処してきた。専門性が異なることで、現場は広く豊かな協働の場になっていくる。

吉浜文洋は、その著書『看護的思考の探究――「医療の不確実性」とプラグマティズム』（２０１８年）

で、看護とソーシャルワークは同じようなアポリアを抱えていることを教える。看護は医学、医療という近代科学を代表する専門職であり、それに反してソーシャルワークは社会福祉という領域で曖昧な明示しにくい役割を担っていると考えてきた。しかし私たちは同じ場所で一人の人間を共有しているのである。その人間は看護とソーシャルワークに分離されていない。

吉浜は看護理論において、「科学的な問題解決法を応用した思考過程の道筋」として、「看護過程」という概念が長年議論のテーマになってきたという。「看護の実践力」「科学的方法」を、看護学では「看護過程」という概念で考えている。「アセスメント・プラン・実践評価等」というプロセスである。吉浜は次のようにいう。

> 看護は科学である、科学的でなければならない。看護が保健・医療のなかで専門職としての立場を確立し、維持するには、科学的であることを錦の御旗にしなければならなかった。このような看護の科学志向を担保したのが看護過程である。（吉浜２０１８：18）

実際の現場はこのような「科学的プロセス」とは異なるにもかかわらず、「看護過程」という概念が強い力をもったことが詳細に述べられている。ソーシャルワークと同様に、「科学的」という言葉が絶対的価値を持っている。ここで看護をソーシャルワークと言い換えても、何の違和感もない。その共通性に驚いた。また看護師の実践能力を向上させるために「科学的」であれと強調しているのもソーシャルワークと同じである。

看護の科学性については当然、多くの議論や研究がある。吉浜は、ヴァージニア・ヘンダーソンは「看護過程は合理性だけでは事が進まない臨床の現実を無視している」と批判しているという（吉浜 74）。

その批判のなかでも注目すべきなのは、「現在の《看護過程》は、看護の科学的側面に重きを置きすぎて、その直感的、わざ的側面を軽視しているように思える」との見解である。臨床判断での直感等の重要性は、のちにターナーやベナー等の実証的な研究で明らかにされる。臨床判断で看護者が使うのは、理論的知識、分析的思考だけではなく、経験を通じてしか学べない実践的知識や直感も使われることが分かり、「看護過程」的思考だけでは不十分だということが主張され出したのである。（吉浜 74）

残念だがソーシャルワーク研究からはこれまで、このような批判は出てこなかった。ＥＢＰ（Evidence Based Practice）やＥＢＳＷ（Evidence-Based Social Work）のような言葉が研究者から発せられ、エビデンスに基づく実践という要求に強い反発を感じて、ソーシャルワーカーたちが研究者から離れていったという現実がある。

同じような看護の経験から吉浜は次のように看護臨床の思考を伝えている。

看護実践は、次々と判断を迫られ、意思決定し、実行していくプロセスからなる。これらの臨床的思考や決断は、学問的な厳密さをもってなされているわけではない。限られた条件下で、推論に推論を重ねることで一歩一歩問題解決に迫っていくのが、臨床の思考である。看護現場に限らず、多くの日常的実践はそのような側面を持っている。モデルや概念で示される理念化された学問的世界では、「不確実性」が排除されている。しかし職場であれ生活の場であれ、現実の世界は「不確実性」を抱え込んでいる。生きた現実のなかで、問題解決のために考え始めるということは、この「不確実性」に向き合うことである。臨床の思考は、「不確実性」との格闘として推移していく。（吉浜 123）

ここでも看護とソーシャルワークは重なり合う。吉浜の言葉はソーシャルワークにも届いてくる。そして吉浜はこの「不確実性」との格闘の論理として、プラグマティズムからパースのアブダクションに進んでいる。吉浜はこの本の大部分をパース、デューイ、プラグマティズム研究に割いている。実際、論理学、哲学の書といっていいほどである。

こうした文献を読んで思うのは、人に関わる専門職の教育とは「理論と実践」ではなく、「思想と実践」であるということだ。いいかえれば、高度化した看護や福祉、教育や心理などの専門職教育に欠けているのは思想、哲学や論理学などである。それは実践を支える土台になるものである。

デューイが結ぶ看護とソーシャルワーク

看護研究は吉浜の研究にみるようにデューイやプラグマティズムという思想的基盤に踏み込んでい

る。そのデューイについて最新のデューイ研究が明らかにしたのは、意外にもデューイとソーシャルワークとの深い関係である。

教育学者の上野正道は『ジョン・デューイ――民主主義と教育の哲学』（2022年）のなかで、ソーシャルワークの歴史として必ず紹介されるシカゴの「ハル・ハウス」と、「ソーシャルワークの先駆者」であるジェーン・アダムスとデューイとの深い交わりを紹介している。セツルメントの拠点であるハル・ハウスで、講演や講義をしただけでなく、その「活動に率先して加わった」という。その関係は自分の子に「ジェーン」という名前を付けるほど深いものだった。

上野は「注目すべきことは、アダムス自身が、ソーシャルワークの実践について、デューイ思想が大きな推進力になったと表現していることである」と書いている（上野2022：59）。上野はプラグマティズムについて次のように述べている。

> プラグマティズムは、日本語では「実用主義」や「実際主義」等と訳されることが多い。それは、ギリシア語で、「行為」「実践」「実験」「活動」などを意味する「プラグマ」（πράγμα, pragma）に語源があり、真理や観念を人間の行為から切り離すのでなく、行為や探究の実践のプロセスをその結果の観点から理解しようとする立場である。（上野17）

プラグマティズムの創始者であるパースやW・ジェイムズの思想に対して、日本語の「実用主義」「実際主義」という訳語はプラグマティズムの理解としてはかなりずれている。上野は「パースは、真理や知識というものが、行為に先立ってあらかじめ決定されるのではなく、実際の行為とその結果によって決められると説明し」それゆえに「改定されたり、誤ったりするものであり、したがって、つねに弾力的で、可謬的なものである」であるという。これは「真理について最初に展開されたプラグマティズム的理論」である（上野18－19）。

パースについては本書の初めにアブダクションの創始者として紹介しているが、プラグマティズムの創始者でもある。パースのプラグマティズムはアブダクションから導かれている。デイヴィスによる『パースの認識論』の訳者赤木昭夫は、「人間の知覚から高度な認識にいたるまでアブダクションによって貫かれている」こと、「アブダクションはすべての探究の第一歩であり、歴史を語るにも読むにもアブダクションが不可欠である」というパースの言葉を「訳者あとがき」で紹介している。そのうえで「パースのプラグマティズムにおける科学的方法でもアブダクションが鍵となる」と述べている（デイヴィス273）。

上野はまた、プラグマティズムを代表する思想家としてウィリアム・ジェイムズも「すべての探究が経験にはじまり、経験に忠実であるべきだ」と考えたが、「人間の経験は、主観と客観という二つの対極が別々に存在し、それらが結合することによって起きるのではない」という（上野20）。

ソーシャルワークの歴史はジェーン・アダムスやメアリー・リッチモンドなどの実践から語られてきた。つまり、ソーシャルワークは具体的な行為や活動として存在するのである。

パースやジェイムズのプラグマティズムが教えるのは、その実践という行為のなかから真理や知識が生まれるというプラグマティズムの思想である。実践に先立って客観的理論や真理があるのではない。疑念を抱え誤謬を恐れず行為するソーシャルワークの経験が、私たちに知識や信念を与えてくれる。そのような一貫した経験主義によってソーシャルワークは実現してきた。その思想を引き継いだデューイとアダムスとの深い人間関係が上野によって明らかにされている。

デューイがソーシャルワーカーであった事実は、ソーシャルワークがその始まりからアブダクションという論理学の潮流によって生まれ、成熟してきた実践だということを示している。

私はこのソーシャルワークとプラグマティズムとの接点について、「H.M.Bartlett『社会福祉実践の共通基盤』再読――状況論アプローチの視点から」（２００７年）という論文でとりあげた。そのなかでソーシャルワークが社会学から離れて実践に向かったことについて、『シカゴ・ソシオロジー　１９２０－１９３０』（１９９０年）の著者ロバート・フェアリスが、シカゴ大学の学生のほとんどが科学的精神を身につけていたが、「性急に結果を追い求めた」学生は神学やソーシャルワークに移ったと書いていることを紹介した。ソーシャルワークに向かった学生たちは、フェアリスのいう「科学的精神」を手放し、実践が教える知識や真理に向かったのである。

学生たちの実践はただ「経験した」という受け身的なものでは無い。「世界のなかで経験したことの意味を振り返り、思考し、探究し、それ以後の行動を方向づける経験」である（上野１０３）。それがデューイのめざす教育であった。

それによって「経験の質」が変わり、「経験の価値」がもたらされる。そこには「アクティブ（能動的）な要素」と「パッシブ（受動的）な要素」がある。試み、実践し、その結果を引き受け吸収する連続性が、デューイの経験の意味である。上野はデューイの教育論のエッセンスをこのような経験についての考え方に求めている（上野103－104）。

また「いま得られる何らかの手がかりを探りながら思考し、それについて知り、学び取ろうとする。思考が生じるのはこのような『半知半解の中間地帯』においてなのである」という（上野 105）。不確実性や「宙ぶらりん」な思考が払拭される必要はない。いったん得られた知見は次の事例、次の人間、別の状況には通用しない。そこではまた新たな経験が待っている。私たちは経験の端緒を引きずり続ける。デューイの思考のプロセスを上野はこのようにわかりやすい言葉で伝えている。

私が東京都女性相談センターの事例報告の場で、いつも相談員から聞く言葉がある。それは目の前から一人の女性が去った後に「もっと別のことができたかもしれない」「あれでよかったのか」という「モヤモヤした気持ち」である。相談員たちはその状態を否定的にとらえることが多いが、それがデューイが教える「宙ぶらりん」な思考である。

かつてソーシャルワーカー同士が会うと、いつもケースに関する愚痴や後悔の言葉が連綿と続くのが常だった。仕事が終わった夜に話し続ける同僚の姿が、相談員の「モヤモヤしている」という言葉につながる。

それは経験が私たちに残す特質なのだろう。自分のやったことと、そこで受け取ったことがまじりあい思考の中に滞留している。「『疑念』を取り除いて信じる状態に至ろうともがく」姿であり、「安定した信念」に進もうとするソーシャルワーカーの姿だった。上野はこれをプラグマティズムの創始者でもあるパースの探求概念だという（上野19）。

「ヴェブレンの取引」

吉浜は先の本の４章の最後で「差別的な知識観・学問観の歴史的背景――『知のはしご』と『ヴェブレンの取引』」という言葉を紹介している。ヴェブレンとはデューイと同時代の経済学者の名前で、「ヴェブレンの取引」とは、「当時の大学で、学問の方法であった『実証主義』を受け入れる」「大学の任務は基礎理論を開発することであり、専門職はその基礎理論を実践に適用するという分業を受け入れる」という取引である（吉浜２０１８：31）。その取引を受け入れ、看護や福祉の教育システムは大学教育の場を手に入れた。

ヴェブレンは「古代ギリシア時代から連綿と続く『経験的な知識や実践』と『合理的な知識や純粋な活動』との差別、優劣の序列」である「知のはしご」を厳守することを主張したという。極端に言い換えれば「『高級な』観念的知と『低級な』経験的知に優劣をつけ、現場的・個人的知に対する差別を積極的に是認する知識観」である（吉浜３０８－３１８）。

吉浜は現在の看護教育の高度化の意味するものは、この「ヴェブレンの取引」を踏襲しているという。すなわち「看護学の学問を追及し、かつ学問的に裏打ちされた看護実践をおこなうことができる人材」（日本看護系大学協議会による定義。吉浜３１１）を養成するという教育の理念は、大学というアカデミズムに足場を築くために、看護学についてその特性を考えるのではなく、アカデミズムのほかの領域とならぶことをめざしてきたと振り返る。

そして吉浜は福祉職や教育職も同じだろうという。このような差別観を私も大学の教員になって実際に見ることになった。社会福祉学科は、他の学部の教員から「実学」という言葉で表現された。言葉の端々から「知のはしご」の下位にあることが伝わってきた。しかし今その「知のはしご」を登るのではなく、上位下位ではない別の知の地平に出ていかなければならない。そこにある「ぬかるんだ低地」（ショーン）こそ、ソーシャルワーカーと看護師がともに歩いていく道だからである。

注

吉川公章・福田俊子・村田明子・須藤八千代（2006）「ソーシャルワーカーの成長に関する研究の方向性と課題」

――（2007）「技能習得に関するベナーモデルのソーシャルワーカーへの適用」

福田俊子・村田明子・吉川公章・須藤八千代（2008）「精神保健福祉領域におけるソーシャルワーカーの技能習得に関する発達段階モデル第1報――臨床経験2年未満のデータ分析より」

村田明子・福田俊子・吉川公章・須藤八千代（2008）「精神保健福祉領域におけるソーシャルワーカーの技能習得に関する発達段階モデル第2報――臨床経験10年未満のワーカーのデータ分析より」

（以上聖隷クリストファー大学社会福祉学部紀要）

須藤八千代・福田俊子・村田明子・吉川公章（2009）「ソーシャルワーカーの成長と発達――精神保健福祉領域における技能習得に関する発達段階モデル第3報」愛知県立大学社会福祉学科紀要『社会福祉研究』第11巻

第6章　心理臨床から相談という実践へ

臨床心理学で見つけたアブダクション

村川論文では「看護、社会福祉、心理臨床」という分野をアブダクションの視点から論じている。そこでは下山晴彦の臨床心理研究から、心理学の質的研究はあくまで個別性に収斂する一般性の抽出を目的とするという考えが紹介されている。

臨床心理学でも過去志向の知における普遍性、一般性に囚われてきたと下山は次のようにいう。「普遍性とは、現実の基本軸となっている時間と空間を超越した概念であり、個別の現実を具体的に理解する際は役立たない場合も多い」。また「普遍性に発展する一般性ではなく、個別性に収斂できる一般性が目的となる」。村山はこのような下山の言葉を引用している（下山２００５：１６７－１６８、村川３３３）。また村川はこういう。

「未来志向の知」としての経験の記述における普遍性は、特定の方法論によって保証されるものではなく、あくまで実践を通して実現される可能性として記述に「孕まれている」だけなのである。にもかかわらず未来においてのみ実現され得ることを、あらかじめ決定された方法論によって保証しようとすると、必ずどこかで不合理さが露呈する。（村川333）

このように臨床心理学研究における「未来志向の知」と「過去志向の知」による一般性の捉え方のちがいを下山の質的研究から引き出している。ただ、臨床心理学に関するアブダクションの研究は見つけにくかった。下山がいうように「《心理》統計学に基づく量的研究法を発展させてきた」からだろう（下山167－168、村川332）。

私が「臨床心理学」と「アブダクション」というキーワードで検索したとき、見つけた論文は葛西俊治の「解釈的心理学研究における理論的基盤とアブダクションに基づくモデル構成法」（2005年）と「アブダクションに基づく拡充法――臨床心理学における質的アプローチのために」（2013年）であった。

じつはこの論文を読んですぐ、私は著者に会うために札幌に行った。それは論文について議論したいというよりも、アブダクションについて考えている人に会いたいという衝動のようなものだった。周囲の研究者に「アブダクション」という言葉を発しても反応を得られなかったからである。

この二つの論文はおよそ10年近い時間を経ている。また後者は「研究ノート」である。2005年の論文は「従来の数量的アプローチの問題点」を丁寧に説明し、そのあと「質的アプローチの基盤について」に進んでいる。論文のおよそ半分をその記述に使い、そのうえで初めてアブダクションに入っている。

ただ論文はここからさらに難解な印象を与える。それは「人文社会科学的研究における命題の一般化を考える際、言語の機能そのものについてあらためて触れる必要がある」として、比喩的認識、隠喩、提喩、換喩というこれまで接点のない修辞学の議論が展開していくため、私はこの論文から関心が離れそうになった（葛西16）。

しかし葛西は面談において「語り手によって主題化された世界」を理解しようと、問いかけ、疑念を披瀝《ひれき》し、交流しながら来談者と面接者双方が了解していくアブダクション的仮説発想のプロセスを説明するために、先の言語機能を持ち出したのである。

2013年の「研究ノート」では、「アブダクションに基づく拡充法」による心理面談が具体的に書かれている。またその心理面談の「要約」が、専門家集団による事例研究の第一次資料となる。この面接者が出す「ノート」について葛西は次のように書いている。

「面接者側の現実」は来談者を理解しようとする専門的態度から作りあげられているため、心理的問題や困難さのために訪れた来談者側の観点とは明らかに異なる。言い換えるならば、心理カウンセリングの場とは、「来談者側の現実」を「面接者側の現実」と対比し、面接者はそのズレに基づいて、「来談者側の現実」を構成してきている様々な要因・要素を見抜いていくための場と位置づけられる。つまり、両者の「現実」の突き合わせとは、単なる聞き取りの誤りや聞き違いの確認のために行われるのではなく、面談の目的である心理療法の実践の場そのものとして捉えるべきといえる。（葛西１０５）

すなわち面接の「ノート」は来談者が語った言葉を誤りなく残すことではなく、面接者の「推論の構造」によって構築されたものである。

ソーシャルワーカーは「心理面談」「心理療法」の専門家ではない。しかし面接あるいは面談は日常的に行われている。そしてそのような場面や役割の重要さを十分知っている。だからこそ心理臨床について関心を向けてきた。ここで葛西が述べている面談の「ノート」は、ソーシャルワーカーがケースファイルに書く記録であり、また事例検討で共有する資料である。実際には心理臨床とソーシャルワークは、仕事としてほぼ同じ形をもっている。

ただその「ノート」が、「面接者が見て感じて思ったもの」であり、面接者によって推定され構成されているという議論が、ソーシャルワークで表立って取り上げられることはなかった。ソーシャルワーカーが書く記録は、あくまで客観性を第一とする記録、資料として共有されるために特に行政組織のなかで、ワーカーが感じたこと、思ったことあるいは推測することなどを書くことは避けることがルールだった。それに対して葛西は次のようにいう。

「アブダクションに基づく拡充法」とは、聞き取りの内容から自然に想定されるような前提

（アブダクション）を言語化して書き足すことによって、面接者・研究者の思考プロセスを明示しつつ進める、要約の方法である。（葛西 111）

葛西はこのようにアブダクションによって自然に素直に推測が広がることによって、来談者の内的世界がよく見えてきて、豊かに構成される実践的思考のプロセスが生まれると考える。このように記録ひとつとってもソーシャルワークが臨床心理学から学ぶことはたくさんあるに違いない。

心理臨床とソーシャルワークの距離

くりかえしになるが、臨床心理学や心理療法はソーシャルワークと重なっている。単純にいえば相手にする人間の問題を解決する方法だからである。ソーシャルワーカーが相手の心理から目を外すことはない。心理学、臨床心理学、心理療法などの文献に、ソーシャルワーカーは関心を持っているが、私の経験では医師や看護師ほど実際の仕事でつながっていない。仕事で協働するということはあまりなかった。

精神科クリニックや施設にいる心理職についても、当事者を介してその存在を知る程度だった。詳細は不明だがアメリカの大学院レベルのソーシャルワーク教育では、心理学が中心でその技術がソーシャルワーカーの個人開業に繋がっていると聞かせられた。

また古い情報だが、ニューヨーク市社会福祉局でソーシャルワーカーとして働いた砂金玲子は

『ニューヨークの光と影』（1990年）のなかで、市の予算カットで大卒以上のソーシャルワークを専門に学んだ人の採用が中止され、心理療法やカウンセリングは外部の宗教団体や病院などで行われるようになったと書いている。

日本では母子生活支援施設に来ているカウンセラーの存在や、女性相談センターや児童相談所の心理判定の結果を文書を通じて知ることはあっても、直接会うことはまれだった。

現在でもたとえば女性相談センターに一時保護された女性について、「IQは軽度発達遅滞。逆境体験影響あり。自己視点で物事をとらえる傾向」とか「推定IQは平均域。神経発達症圏域の疑い。親族への思いも葛藤的で拠り所がない」などの心理職の所見を読むことはあるが、それ以上、現場で意見交換することは少ない。

そもそも心あるいは心理は、目には見えないものである。しかし問題を抱えた人間に関わるソーシャルワーカーは、人の心理的な問題に悪戦苦闘する。今日カウンセリングやセラピーという心理的治療への期待は高まっているが、福祉の現場で心理専門職の姿は見えにくい。

構築論的ヘルスケアとソーシャルワーカー

ソーシャルワークの経験のなかで気になっていながら、具体的な議論の場で交わることが少なかった心理臨床について、『対話と承認のケア――ナラティヴが生み出す世界』（2020年）の著者宮坂道夫の説明に耳を傾けてみよう。

ナラティヴ・アプローチといわれる実践は、日常的な保健医療の現場だけでなく一般的にもやっていることで、「ナラティヴ・アプローチ」などと大げさに括弧に括ることはないかもしれない、という地点からこの本は始まる。そこで宮坂はこの誰でもしているナラティヴ・アプローチの専門性、有効性を掘り下げる。

2000年前後に国内外で起きた「ナラティヴ」ブームの文献が紹介されているが、アーサー・クライマンの『病の語り』（1996年）をはじめとして、翻訳されたものや日本の文献の多くを私も読んでいる。『ナラティヴ・セラピーの世界』（小森康永・野口裕二・野村直樹、1999年）、『人生を物語る』（やまだようこ、2000年）、『傷ついた物語の語り手』（アーサー・W・フランク、2002年）など立て続けに出た本のタイトルは無視できないものだった。

このブームの中で集積された文献は、「心理療法としてのナラティヴ・アプローチと、ヘルスケア全体のなかでのナラティヴ・アプローチが混在している」ため、宮坂は多様なナラティヴ・アプローチを構築論的ヘルスケアの枠組みで整理した（宮坂23）。そして、それが専門性のない実践ではなく、ヘルスケアの有効なアプローチの一つであることが分かりやすく書かれている。「対話的なヘルスケア」すなわちカウンセリングで、ケア者となるグループは次のように整理することができるという。

第1にカウンセラー、精神科医、心理学者、ソーシャルワーカーなどいわゆる専門家、第2にはコンサルタント、歯科医、医師、弁護士、牧師、看護師、警察官、保護司、教師など援助が期待される人、第3はマネージャー、監督、バーテンダー、美容師など「市井の援助者」、そして第4は友人、知人、親族、あるいは相談を求められたら応じるあらゆる人、である。これはカウンセリングのテキストを書いているG・イーガンによるものだが、このことは日本社会でも同じだと考えている（宮坂26－27）。

このように考えると、カウンセリングという心理臨床は誰もがやっていることだということがわかる。しかし私たちはカウンセリングを、宮坂がいう専門的な心理学の理論に基づく治療的なアプローチをする「実在論的ヘルスケア」を念頭に置いて考えてきた。カウンセリングという言葉が、その実在論を固く支えていたのである。

カウンセリングはカウンセラーという専門家が行うことであると認識し、ソーシャルワーカーや看護師は「カウンセリングしている」とあまりいわない。英語のカウンセリングが、私たちが行っている相談を受ける、面接をするということを指していることだとしても、日本の現場ではカウンセリングとは心理療法、あるいはセラピーと位置づけているからだろう。

私がナラティヴ、物語論に強い関心を寄せ文献に向かったのは、何よりもソーシャルワーカーという第1のグループの「社会的・心理的な問題をあつかう専門家」だったからである。福祉事務所の総合相談窓口に座れば、次々に新しい人の新しい物語が目の前で語られた。それを聴くことの重要性と関心は途切れることがなかった。

いや単に聴くだけではない。もちろんヘルスケアを求めてくるとは限らないが、生活保護をはじめあらゆる社会福祉サービスの現場は、サービスを提供するという役割をもって相手の話を聴く。それが相手にヘルスケアの効果をもたらしたとしたら、仕事は良い方向に進んだと考えられる。

宮坂は心理臨床を、構築主義、構築論的ヘルスケアから展開する「ナラティヴ・アプローチ」によって進めている。この立場は「〈問題は人々の認識によってつくられる〉という考え方をとる。これに対し「実在論的ヘルスケア」は、病気という実在する事実とそのための医学的エビデンスによるケアである。臨床的には統合失調症やうつ病、適応障害などさまざま病気に対する心理的なアプローチがイメージされる。精神保健福祉士は「実在論的ヘルスケア」を前提にした専門職として作られた資格である。

また宮坂は構築論的ヘルスケアの関心領域を身体的機能、生活機能、人生史の三つに求めている。そして宮坂は「身体機能については大いに語れる医師が生活機能については言葉が少なくなり、人生については沈黙してしまう」という（宮坂１０３）。しかし身体という生物的枠組みも、現在の生活や過去の時間による構築的なものである。そしてソーシャルワークもナラティヴ・アプローチなしには実現しない。このように考えればナラティヴ・アプローチが構築論的ヘルスケアではたす役割は大きい。

生活保護の決定のような金銭給付が目的であっても、生活史や家族史へのナラティヴ・アプローチは「対話と承認のケア」という意味を持つ。生活保護の決定には、手持ちの現金、貯金や活用できる資産の有無、また援助を受けられる扶養親族がいるか否かなど経済的なチェックが必須要件である。また働けないことを証明する身体的、精神的な問題についても明らかにしなければならない。金融機関や医療機関からの情報も必須である。

そのような内容の対話の場面には、ケアという言葉のあたたかさはない。しかし担当ケースワーカーにとって、単に生活保護費を給付するだけでなく、相手がどんな人かを知ったうえで「処遇方針」を書く役割があった。ファイル記録の項目には「生活歴」という欄もある。そこを書くために生活史を聴く必要があった。

私は生活歴、生活史を大切にしていた。それはいかにも行政職員として、法の番人のようなふるまいをしなければならない苦痛を薄めることができたからである。時にそんなことは話したくないという人もいたが、多くの人は自分の生活史や過去の出来事を話してくれた。特に若い時は、親のような年代の人の戦争につながる経験など興味深く聞いた。自分の時間が許す限り相手の話に耳を傾けた。

宮坂はネル・ノディングズの経験を引き合いに出して、次のように書いている。

長い時間をかけて築いてきた信頼関係がなくても、またその人の価値観に全面的に共感していないのに、人生史の領域に踏み込んだ話を相手が語り、またそれを関心をもって聞き続けたことで、その人の個別的な視点を理解できている。（中略）個別化された他者像には細部が不可欠である。その細部を提供したのが、彼の戦争体験であり、そこで出会った人たちについての話であり、それがいま現在の自分のあり方を決めたという、この人ならではの意味づけをともなう、人生史についての物語であった。（宮坂 138－139）

私が福祉事務所のカウンターで聞くナラティヴは、ノディングズの大学の同僚が彼に向かって話した物語よりも一層、困難な人生史であった。ソーシャルワーカーの前に座らなければならない状況にいる人の「いま」は、その人にとって苦痛やみじめさそのものだと推測した。だからこそ相手の「人生史への敬意」を与えるナラティヴ・アプローチの「ケア効果」を意識した。ヘルスケアが第一の目的ではないとしても、「副産物としてケア効果が生じる」ことを経験し続けた。ケア効果は相手だけでなく私にもあった。そこで私は人間的な顔に戻れたからである。

「他者のナラティヴに介入する実践群」

前述したように、宮坂は対話によってケアに関わる四つのケア者のグループを挙げた。そのうち第1、第2のグループは責任と役割を担う専門家グループである。しかしあえて対話とかナラティヴ・アプローチとはいわない知人や家族などのほうが、ヘルスケアの役割をはたしていることがある。だからこそ構築論的ヘルスケアは曖昧性をもつ。ケア者と被ケア者という関係すらないところで、「ケア者のみが正解を知っているという前提を放棄して、ケア者と被ケア者が自由に発言できる対話空間の実現が、心のケアになる」という仮説の妥当性は大きい（宮坂２０４）。ここから構築論的ヘルスケアは標準化されない個別的なものとして意味があるという結論になる。

カウンセリングには心の病を確定し理論的な方法でアプローチする実在論的ヘルスケアと、そうでない構築論的ヘルスケアがあるという宮坂の二分法は、看護師や教師、そしてソーシャルワーカーなどのナラティヴ・アプローチへの接近を容易にする。

宮坂はこの本のはじめに「小さな物語」を出す。登場するのはあるがんの患者と医師と看護師の三者である。抗がん剤治療の効果がなく緩和ケアに切り替える場面から始まる。医師が医学的所見を一通り説明し、患者の応答を待つが一言も発しない。それでも「少し考えます」という患者の小さなつぶやきを聴いて立ち去る。

看護師はこれまでも怒りをぶつけてきた患者と部屋に残され、「思い切って声をかけた」。ここからはそのまま引用しよう。

「鈴木さんは頑張ってこられたと思います」

患者は看護師を見上げた。

一瞬、「叱られる」と思ったが、患者はシーツをぐいと引き寄せ、顔をうずめて泣きだした。三、四分経っただろうか、患者は泣き止み、看護師を見て、そして「もう頑張る必要ないんだ」と言った。（宮坂 17）

このような場面は病院の日常の一コマであり、医師として看護師として、あるいは患者として多くの人が経験していることだろう。これを読んで私は4章でもふれた尾崎が「ゆらぎ」の体験として示す「ふり絞るほどの言葉を伝え合う関わり」の場面を思い出した。精神病の患者が保健師に「も・う・が・ん・ば・れ・な・い」と声を絞り出す場にいた尾崎の経験である。このように医療やソーシャルワークの現場の日常とは、究極の心理臨床の現場である（尾崎 1999：22）。

宮坂はこの「ありふれた場面」にナラティヴ・アプローチの解釈、調停、介入という三つの様相があるという。そしてこの場面が関係者にナラティヴ・アプローチという「特別なものと見なされないところに、ナラティヴ・アプローチの落とし穴がある」という（宮坂21　傍点原文）。

しかし「特別なものと見なされず」看過されているのではないと私は考える。死と生が交錯しナラティヴ・アプローチと捉える余裕もない看護やソーシャルワークの混乱した心理臨床の現場があるのだ。

そこまで押し込まれない対話実践の場でいえば、私のナラティヴ・アプローチは、スーパーマーケットの前のテーブルや公園のベンチ、また一緒に歩く道だった。初めて会った日雇い労働の男性を、今夜泊まることになる宿泊所まで案内するその道で、「寒いときストーブで焚くオガクズを母親がもらいに行き、長い髪が製材機に巻き込まれて死んだ」と語るのを聴かされたとき、私は言葉も発せずチラッと彼の横顔を見るので精いっぱいだった。

ダムの工事現場で身体がちぎれるような大怪我をした男性の語りも、簡易宿泊所の2畳もない部屋のハンカチ一枚を敷いた場所だった。物語はナラティヴ・アプローチの専門性の有無を拒んでいた。そこにはただ人間の苦悩があり、それを感じる他者としての人間的感性と沈黙があるだけである。宮坂も「心のケアの専門性というものは、裏を返せば、そこに専門性を認めた場合に、そのケアを受けること自体を拒みたくなるという、妙な特徴を持っている」という（宮坂２０９）。

実際「鈴木さん」と呼びかけた看護師の言葉を聞いたがん患者は号泣した。医師やカウンセラーの言葉には一切反応しなかった患者が、感情を解き放ったのである。

最近は学校などで事件が起きると、すぐにスクールカウンセラーの派遣が行われるようになった。

しかしカウンセラーという専門家よりも、第３グループ、第４グループのカウンセリングが有効なこともあるという視点を手放さないことが大切である。

心理臨床のフィールドは限りなく広くかつ常に構築されるものである。構築し続ける相互関係こそが、心理臨床というケアの場を生み出す。それはまた良くも悪くも電話相談をはじめ、ＳＮＳなど新たなツールによって増殖し続けている。

相談という構築論的ヘルスケア

ナラティヴ・アプローチは、このようにソーシャルワーカーも看護師も教師もあらゆる人が「カウンセリング」するということを可能にする。それがどのように心理士のカウンセリングと違うのかという議論は、ソンプソンが教師や看護師が「私たちもソーシャルワークをしている」という言葉から「ソーシャルワークとは何か」を考え始めたように、まずは心理職にゆだねよう。しかし専門性の境界の曖昧さこそ時代が求めるものではないだろうか。

心理、看護、ソーシャルワークが作ってきた臨床の壁を低くすることがもたらすケアの効果は大きい。しかし心理臨床を単純にカウンセリングといいかえるのも乱暴すぎるだろう。宮坂も実在論的ヘルスケアがなくなることはないという。

ソーシャルワークの現場でも、トラウマ治療というような心理的アプローチの必要性を強く感じることがある。ただそのような専門家を見つけること、治療を可能にする医療制度につなげることは難しい。

さて90年代に入り、保健と福祉サービスを一体的に提供する総合相談窓口の開設により、ソーシャルワーカーの業務は一層多忙になった。行政の窓口に来る人は何らかのサービスや金銭給付、施設入所の措置など具体的なモノを期待している。しかし所得基準をはじめとして、細かな要件を満たさない限りそれらの制度やサービスを利用できない。そんな場合でも、相手の話をしっかりと受け止め、共感的な態度で聴き、役に立ちそうな情報を提供し、問題解決を一緒に考えることが必要だった。

そんな場所でナラティヴに介入すると、相談に来る人をさばけない。そのなかで制度やサービスの決定ではなく、ひたすら相談業務だけに専念するのが婦人相談員だった。売春防止法に規定された婦人相談員として、押しかける女性の相談を一手に引き受けていた。法律は売春防止法のままだが、実際の相談は売春問題ではなく、家族のこと、夫のこと、離婚相談などであった。

ＤＶ防止法以前はそこで語られる夫からの暴力は、夫婦げんかのエピソードとして「民事不介入」という言葉で片づけられ、行政の窓口で取り上げる問題ではないという認識だった。したがって、女性が持ち込むこれらの相談に応じる責任もなく、もちろんＤＶが女性の人権侵害であるという理解など、まだ海の向こうから日本に届いていなかった。「僕は売春防止法の婦人相談員ですから」と、離婚問題の相談に来た女性を追い払う元児童相談所長もいた。公的権限につながらない相談は行政本来の業務ではないと軽視されていた。

そんななかで「自分には相談しかない」という婦人相談員の土井良多江子の前には、相談に来る女性が引きも切らなかった。人びとはモノやカネだけでなくこのようなナラティヴ・ケアを求めていたのである。

この土井良によって「相談の女性学」研究会が始まった。当時公民館や学習センターのような場所にひっそりと開設されている「よろず相談」に女性が離婚相談に行くと、「社会的信望がある」元校長のような男性の相談員から、批判されたり社会常識という言葉を刷り込まれたりするような現実を変えていくための研究会だった。

「相談の女性学」研究会では、離婚や夫からの暴力、家族関係などの相談について、女性をどのように支援するか議論を重ねた。そして『相談の理論化と実践――相談の女性学から女性支援《エンパワーメント》へ』（2005年）という本が生まれた。

相談について調べていくと、1968年の「日本相談学会」の第1回総会では、心理学者の宮城音弥が、相談について「ある者の適応のために言語的な有効性を用いる一つのプロフェショナルな活動」といい、総合性をめざす「非専門の専門性」や総合化に求められる「臨床的精神」を話している（須藤ほか2005：37）。

しかし第2回の公開シンポジウムは「カウンセリングの諸領域における現状と展望」となって、相談がカウンセリングという言葉に変わり、学会名も「カウンセリング学会」となっている。カウンセリングという専門的な心理臨床が広がりはじめたときだった。それに対して「社会福祉事業従事勤労者」が、「信用していない」「空理空論だ」とカウンセリングに強く反発する発言が1968年の『相談研究』に残っている。

「相談の女性学」研究会は1990年から92年まで続き、その研究会から生まれたこの本は、「日本相談学会」からおよそ30年近くたって再び相談論に戻った観があった。その第2章「相談の原点」において「生き残った相談学」として私が紹介したのが、「安田生命社会事業団ヒューマンサービスセンター」相談室長の井原美代子である。井原も「カウンセリングでもなくセラピーでもなく、相談ということばにこだわってきました」と語っている。

また井原は「相談とは単なる技法ではない」という。そして「人間は、自分と自分をとりまく環境との中で常に変化し、揺さぶられて不安定な生きもの」であり、しかも一人一人が異なる生きものである人間に関わる限り、理論化は無理だと思っています」と話した。

私も訪ねたことがある池袋にあった素晴らしい内装の相談室では、2時間という時間がどんな人にも与えられていた。そこで行われる相談の仮説は①循環する時間、②無名性、③関係の始原性、④柔らかなうつわ、⑤無償性、⑥非専門性に立つ、であった。それは援助するという目的ではない。もちろん心理療法でもない。究極の臨床精神である（須藤ほか 39－45）。「循環する時間」とは実際の経験から生まれたもので、相談室に来た来訪者と井原自身の経験である。

M：あるとき不思議な体験なんですけれども、私と先生が向かい合ってお話しているときに、何か目に見えないけれど、言葉を通して何かが循環するっていうか、すごくそういう感じを持ったことがあるのです。

これに対して井原がこのように応じている。

井原：今のね、あなたと感じ合ったのは、どういうときかっていうのを今でもはっきり覚えているの。（中略）その中で話されている内容を理解することも大事なんだけれど、その場に流れている相互の波動、息遣いというか、それが何かのきっかけで一つの流れになり、それが心地よく循環し始めたとき、本当に安心しますね。（須藤ほか 43－44）

カウンセリングや相談面接で、このようにお互いの経験を確認し合うことはない。ただ言葉にしなくても「分かってもらえた」あるいは言葉にならないことも含めて「分かった」と感じることがある。これこそ心の現実であろう。それを生み出す場所を「相談室」という。そこは相談する人と相談員、あるいは患者と心理士など、あらかじめ決められた二者関係や一定のルールなどを持つ社会的な場所でもある。

そういえば福祉事務所に「総合相談窓口」という新しいセクションを作ったとき、新しくカウンターやそれを区切るパーテーション、さらにこれまでよりずっと上質な椅子などが用意された。それは安田生命社会事業団のヒューマンサービスセンターには叶わないが、部屋の隅のスチール机とパイプ椅子ではない相談の場所であった。

クルターからローティへ

このような心あるいは心理といわれる相互行為の実践を、エスノメソドロジーの立場から考えたジェフ・クルターの『心の社会的構成――ヴィトゲンシュタイン派エスノメソドロジーの視点』（1998年）を4章で取り上げたが、ソーシャルワーカーの私には興味深く、また共感する本だった。心理学やカウンセリングが目に見えない心を取り扱うといわれると、常識的な現実で動くソーシャルワーカーにとって、そこは不可侵な場所でもあった。あらゆる人間にとって心ほど大切なものはないからだ。心理学が自分でも分からない心の深層まで分析することができるといわれると、一層怖気づく。

これに対してクルターは次のようにいう。「こんな考え方は、『心』という概念を根本的に誤解したうえに成り立っているとしか、いいようがない」。それは「心がなにか容器のよう」に考えられ、「想像や思想、記憶がもののようにみなされ」、それらがしまわれている場所として心をとらえているからだという（クルター1998：29）。

クルターは、心理的な現象を特定な状況やふるまいのあり方から切り離して考察する心理主義を否定する。「純粋に内面的な」心というものはないというのだ。そのような心的状態を前提にしたこれまでの心理学に真っ向から立ち向かっている。繰り返しこういう。

つまり人間の行為および相互行為の記述・説明にまつわる本当の問題は、その本質においてけっして心理学的なものでも心理主義的なものでもない。（クルター68）

このような立場に立ち、彼がこの本でやろうとしたのは次のことである。

いわゆる「主観的現象」は、相互主観的に共有された手続きに従って理由づけが行われていくなかで、また言語がそのつどの状況に応じて一定のやり方で（とりわけ表明と帰属というやり方で）使用されるなかで、わたしたちにとってのなにものかとして構成される。このことを詳細かつ具体的に示していきたい。（クルター68）

クルターを夢中で読んだのは、この視点がソーシャルワークの日常をそのまますくいだすからである。ソーシャルワークには「常識のなかに潜む態度決定がいつもついて回る」こと、また「人間活動の『科学的』記述に関わる根本問題は、心理主義的な悩みとは無縁である」こと、またソーシャルワークの持つ常識知とは状況や規範によって「汚染」されているのではなく、それが「行為記述の本質」だというクルターの言葉が、心理学に怖気づいていた私を鼓舞した（クルター33）。

この本を初めて読んだときからかなり時間がたっている。この本に小さな新聞の投書記事が挟んであった。20年以上前の朝日新聞「声」の切り抜きである。

昼の電車の中。目の前には、自分と同年配ながら、いかにも「最近の若者」というような茶髪の学生らしき人が座っていた。駅で電車が止まると、つえをついた70歳ぐらいのおばあさんが乗ってきて、私たちの前の通路で立ち止まりました。

いつも「席を譲ろう」と思いながらも、結局、何もできない私は、今度もどうしようかと迷っていた。すると突然、目の前の男性がズボンの後ろのポケットの中を探り出し、携帯電話を手に立ち上がって、車両の隅の方に移動して行きました。私は内心、ほっとして、立ち上がった彼を目で追うと、取り出した携帯電話をそのままポケットにしまったのです。

はやりの「着メロ」が突然なりだし、不愉快な思いのすることの多い電車内での携帯電話。ほっとしてしまった自分を反省しつつも、携帯の意外な使い方と、彼の優しい思いつきに心温まったひとときでした。（大学生　潮清孝、19歳）

（朝日新聞１９９９年３月13日朝刊）

人びとの行為を導く心というものは良くも悪くもこのような偶発性をもっている。偶然生まれた状況のなかで心が社会的に構成され、それが行動として現実を構成していく。人への優しさや尊重ということは社会が生みだしているのだ。

哲学者の朱喜哲がリチャード・ローティの『偶然性・アイロニー・連帯』（１９８９年）を解説する『１００分 ｄｅ 名著』（２０２４年）のなかで、次のように書いているのを読み、私はこの「声」の記事を思い出した。それは「言語の偶然性」「自己の偶然性」「共同体の偶然性」と進む議論に関するものである。

つまり、人間に共通して備わる本質的なものとして道徳を考えるのではなく、それはあくまで特定の協同体における内輪の約束にすぎないと考える場合においてのみ、道徳性は維持されるとローティは言ってます。（朱31）

ソーシャルワークのテキストでは、一般的に初めの1章か2章に「価値と倫理」というタイトルで高い道徳が掲げられている。しかし私は学生に向かってそこに書かれている、ソーシャルワーカーに備わっていなければならないという価値観や倫理観を伝えることに戸惑いを抱えていた。なぜならそれは「心」という器の中にある本質的なものではなく、偶然性、共同性のなかでそのつど手に入れるものだったからだ。

「心」とはデカルトの発明にすぎないというローティによって、「心の社会的構成」の理解はさらに深まった。「心」という実在から解き放たれ心理臨床への自由度は広がった。私たちはもっと大胆に心理臨床に踏み込んでいいと考えている。

私自身は、クルターによってまた井原によって、カウンセリングでもなくセラピーでもない相談という言葉に自信をもって向かうことができた。

電話相談のディレンマ

私はおよそ10年近くさまざまな相談室に関わっている。NPO法人の相談員や男女共同参画センター相談室のスーパーバイザー、また自治体の女性相談員の研修講師などとして現在も相談事業の現場と繋がっている。そのまとめとして『相談の力――男女共同参画社会と相談員の仕事』（２０１６年）を出した。

今日さまざまな名前をつけた相談窓口があり、そこに相談員が座っている。対話実践の場は拡大し続けている。私はこの本のなかで、自分が住む人口2万に満たない自治体の広報誌に毎月掲載されている、25以上の相談窓口の一覧表を紹介した。「心配事相談」に始まり「子ども電話相談」まで、また「ＤＶ相談」や「男性相談」など相談は増殖し続けている。そして「日常生活での困りごとや悩みなど、気軽にご相談ください」と時間や場所の詳細が書かれている。社会はこのように、人びとの相談を待っている。ただ相談窓口に行く、相談するという行動には少し勇気がいる。

相談事業は相談者の存在を想定して開設され存続するが、人は悩みつつも簡単に相談員の前に現れない。電話相談でも長い時間、一本の電話もなく過ごすこともある。ただ一度開設し広報した相談窓口は、簡単に閉めることができない。逆にいつも回線がふさがり繋がらないと苦情が来る電話相談もある。

実際に電話相談員をやってみると、電話相談こそ井原が挙げた六つの要素が実現していると感じた。また電話回線でつながる現実は、一般に相談という言葉で予想する「何らかの困りごとがあるから電話をかけてきた」という相談とかなり違う。電話相談の特徴はリピーターといわれる、繰り返しかけてくるような「相談者」の割合の高さである。

実際に足を運び相談員の前に座るよりも、電話相談のほうが敷居は低い。また電話相談は簡単に開設できて、双方にとって負担が軽い。「いのちの電話」から始まり、東北の震災を契機に始まった「よりそいホットライン」など、相談は今、電話が主流かもしれない。携帯電話という電話の個人化が、このような相談の流れを押した。今はさらにSNSによる「ネット相談」も始まっている。

電話相談は「現代のアジール」と表現されることもある（長岡利貞『電話相談――現代のアジール』2010年）。そこに電話をかければ、相談員の受容的な応答が与えられるからだ。声だけ言葉だけでお互いの姿は見えないまま、相談員は「傾聴」する。多くは匿名である。

ソーシャルワーカーとして現場主義だった私には、このような電話相談員の仕事は、聴くことやいくらかの情報を提供する以外、何もできないという無力感が募った。相談される内容が深刻であるほど、直接に会うことなく介入できない電話相談の限界に苛立った。

しかし電話相談の多くを占めるリピーターは、電話という自分の姿を見せない方法を選んで、電話口にいる相談員という受け手の人間に触れたいという願望を強く持っている。そう感じる電話が多い。このようなリピーターによって、電話相談の件数が重ねられる。その語りからは自分の話を聴いてもらいたい、自分の存在を電話で受け止めてほしいという気持ちが伝わってくる。特に近年開設される男性相談の電話は、性的なテーマに絡めてこのような電話が多い。性的な関心やエネルギーを、他者に認めてほしいのかもしれない。

またリピーターの語りは、繰り返しの中で定型化していく。また相談員側も同じ言葉や同じストーリーに倦み、記録に「傾聴」の二文字を書くだけとなる。この繰り返しの電話と応答の定型化を、時に崩す問いかけや応答が相談員には必要だと感じている。ただ傾聴するだけでは電話相談の質は落ちていく。私はスーパーバイザーとして相手のパターンを崩す言葉かけや、そこから広げられた中味を書くことを助言してきた。

また私は女性のＤＶに絡む電話相談を受けたとき、十分聴いた後、熟慮してから「私はこう思いますが」と対話実践に入るようにした。電話をかけてくる女性たちは、シェルターに入るとか離婚するという行動を望んでいるというよりも、夫からの精神的暴力、身体的暴力で傷ついた心を知ってほしいという気持ちを語る。その苦しみや悩みから行動にむけた相手の力を引き出すために、相談員のほうから対話を求め相手の気持ちを広げていかなければならない。傾聴や受容だけでは相談員は相談者の心の中にとどまり、相談は社会化されない。

この電話相談という声と言葉だけで実際に出会う空間を持たない対話は、ナラティヴ・アプローチの究極の現場かもしれない。宮坂がいうナラティヴの概念の持つ多面性、すなわち「『語る』という行為の主体の意味と、語られたものという客体」の二つが、電話というツールによってたしかに伝わるからである。そこに夾雑物はない。そして人は見えない相手に向かって饒舌に語るのである。

聴くという実践と臨床哲学

このように声と言葉で深くつながる電話相談が、カウンセリングのひとつの現場として今日、成立している。電話相談では姿が見えず相手を知る情報は声と言葉に限られるが、しかし声がいかに個性を持ち、また話される言葉や感情を伝えるものかを知ることができる。

端的に電話相談は聴くという実践である。これまでソーシャルワークのテキストには、「面接の技法」として傾聴という言葉が使われた。相手の言葉を否定せずに聴く態度という意味である。

しかし井原は聴くことは技法ではないとはっきりと述べている。また聴くことを哲学したのが、鷲田清一の『「聴く」ことの力――臨床哲学試論』（1999年）である。鷲田は人に関わる仕事をするソーシャルワーク、心理臨床、看護が単なる技法にしてきた「聴く」を、「臨床哲学試論」として私たちの前に広げて見せた。

本当ならソーシャルワークや心理学こそが、聴くことの哲学を求めなければならないのに、なぜ哲学がと戸惑うが、その理由は哲学の側にあった。「哲学はこれまでしゃべりすぎてきた」からだと鷲田は書く。相手の話を聴くよりも頭の中に蓄積された哲学的知識を話すモノローグで、哲学的思考は「言語遊戯とも見えかねないアクロバティックな表現に拘泥せざるを得ない」という哲学の現在に対する危機感から臨床哲学試論は始まっている（鷲田 25）。

そしてこのクライシスを乗り越えるために、哲学は語るだけでなく「聴くことに神経を向ける必要がある」と、新たな哲学の場所を臨床に求めた。その臨床の場にいる看護、心理、ソーシャルワークはどうかといえば、哲学とは、難解な言葉を操るだけでなく、著名な哲学者の文献の中にあるものと考えてアカデミズムの象徴のようにとらえてきた。その前にアカデミズムの側が哲学を高度な知、実践科学は低地にある知と位置づけてきたのだ。

そのためただ耳で聴くという一見何もしないように見える行為を、ソーシャルワークは傾聴という技法にとどめ、そこに哲学が必要だとは考えなかった。そしてソーシャルワークを「援助技術」といいかえ、技術、技法こそが科学的で専門性だと考えて哲学という言葉に目をくれなかった。それに対し井原は、「単なる技法ではない」相談のために、「何かが生まれてくるような、ある柔らかい力を持った混沌とした自由な場を用意」した。そこで聴くことに徹したのだ。そこから引き出したのが先の六つの仮説だった。

鷲田の臨床哲学もこれと重なる。①それは書く哲学、語る哲学でなく聴くという営みの哲学である。②特定の他者に向かってという単独性ないし特異性の感覚を重視する。③一般的原則が一個の事例によって揺さぶられる経験、普遍化は不可能な哲学であるという。井原の仮説としての相談論は、鷲田の聴くことの臨床哲学なのである（鷲田１０７‐１０８）。

聴くこととは何か

電話相談が教える、声という目に見えないが耳に触れてくる人の存在に言及したが、これを鷲田は聴くではなく、「〈声〉に触れる」という。「ここではない別の場所から〈声〉が身体のいろんなところで私に触れてくる」という。その一人一人の「声の肌理」「テクスチュア」に触れることで、「声はふるまいの代わりをしている」という（鷲田１９９）。

電話相談という仕事は「他人の声のきめを純粋に聴くというより、声のきめをとおして他人に触れるのだ」という言葉を相談員に話したら、深くうなずくに違いない（鷲田28）。何年もまた時には日に何度も電話をかけてきて相談員を悩ますリピーターは、声によって他人に触れたいのだろう。

電話相談では「もしもし」と相手が言葉を発すると、すぐに聴くことが始まる。しかし鷲田は声がすぐに耳に届くのではなく、まず「沈黙とことばの折り合い」から聴くことを考える。「深い沈黙」「厚い沈黙」には、言葉にならないがゆえに聴くことができない苦しみ、あるいは悲しみがある。「苦しみは苦しみのなかにあるそのひとが口ごもるもの、呑み込むものだからである」なら、私たちはどうしたらその沈黙から始めて人に関わることができるだろうか（鷲田１５６）。

次の言葉は看護、心理、ソーシャルワークという仕事の場にいる私たちに臨床哲学が示すものである。

> ことばは、聴くひとの「祈り」そのものであるような耳を俟《ま》ってはじめて、ぽろりとこぼれ落ちるように生まれるものである。苦しみがそれをとおして現われ出てくるような《聴くことの力》、それは聴くもののことばそのものというより、ことばの身ぶりのなかに、声のなかに、祈るような沈黙のなかに、おそらくはあるのだろう。その意味で、苦しみの「語り」というのは語るひとの行為であるとともに聴くひとの行為でもあるのだ。（鷲田１６５）

相手の言葉がそのまま耳に届くところに聴くことの力があるとしたら、私たちはその前にある沈黙の意味について想像をめぐらさなければならない。私は長い沈黙の場に立ち会った経験がある。児童養護施設を出たばかりの16歳ぐらいの少女が昼休みに、担当ケースワーカーである私の前に現れた。何か思い詰めているようだが言葉を発しない。

私も何も言わず黙っていた。30分ぐらいたったとき「食堂に行ってご飯を食べよう」と言うと、彼女はついてきた。さすがにお腹がすいていたのだろう。そのあと少女が呟いた言葉から、その長い沈黙の意味することは判明した。そのことが私自身を深い沈黙に導いた。

また実際に声や言葉が発せられても、ただ耳にとどくとは限らないと鷲田はいう。聴こうと思わなければ、声は私たちの耳は音を拾わない。そこに聴き手の選択がある。そのため聴くという実践は、どのようにその声を迎い入れるのか、享《う》けるのか、を声の肌理に触れながら考えていくことである。

しかし私たちは迎い入れるだけでない。ときに話を聞き流すアースを必要とすることもあり、また「切るべきところは切る」という距離感覚が、日常的な場では聴くことの裏側にあることも示されている（鷲田76、213）。

このように私たちの経験はすでに哲学者に共有されている。

臨床哲学の使い方

鷲田の臨床哲学は前にも述べたように、臨床の現場に関心を持ったからではなく、哲学への危機感が導いたものである。もし私たちがソーシャルワーク理論や看護理論にもっと危機感を持っていたら、このような哲学に自ら足を踏み入れたに違いない。そのようにしてソーシャルワークと哲学の双方が、どこか道の途上で出会うべきだった。

しかし哲学のほうから臨床に入ってきた。日本では哲学者は2階建ての家の上に住み、ヨーロッパのプラトンからハイデガーに至る文献に埋もれ、下にいる普通の人びとに関心がない。これではなんのために哲学するのか分からないというカール・レービットの皮肉な警告を、鷲田は『哲学の使い方』（２０１４年）で紹介している（鷲田59－63）。

その警告をもとに、鷲田は哲学の現場を探して哲学の外に出た。そして社会のベッドサイドに立ったのである。そこに臨床哲学が生まれた。同じ比喩を使えば、１階にいるソーシャルワーカーは、２階の哲学者となんの交流もせず過ごしてきた。この現実は哲学の危機だけでなくソーシャルワークの危機でもある。ソーシャルワークは経験を哲学ではなく、科学化、一般化、理論化の道に持ち込んで行き詰まった。

それは聴くことを傾聴という技法にし、関係は受容で片づけ、価値や倫理は倫理綱領に求め、さらに実践はモデルにあてはめ、ソーシャルワークの定義はＩＦＳＷ（国際ソーシャルワーカー連盟）のグローバル定義でよしとしたからである。

その正統性を疑わず、それらの知識を一通り覚えて試験を受けると資格が与えられ、ソーシャルワーカーとなることができるとしてしまった。そこに哲学との接点がない。結果として哲学は現場のぬかるんだ低地に臨床哲学を見いだしたが、ソーシャルワークは自分たちの経験から生まれる重要な哲学の問題を発見できないままである。

ある日、福祉事務所で私の前に座った男性がはにかみながら「あと３日は生きたいからね」と言った。日雇い仕事がなくなりギリギリの状況で福祉事務所に来た。「えっ、３日だけ」と私は笑顔で彼を見つめた。そこに彼の哲学があると感じたのである。

私はこのときのことを『ソーシャルワークの作業場——寿という街』にこう書いている。「いつもそうだが『被保護者』とケースワーカーが出会うこの最初の一瞬は、さりげない様子をまといながらもこの仕事のすべてが凝縮された一瞬である。大げさに言えば、ある決断をもって、この関係にお互いに飛び込むと言いたくなる」（須藤2004：156）。

また「七十四まで売春で食べてきたわ」という女性は、そのあとたしか「福祉の世話なんかになるものか」と言ったように記憶している。「どうだ、アンタにできるか」と彼女の人生哲学を伝えていた。私はタジタジとしながら自分の哲学の無さを自覚させられた（須藤121-122）。

鷲田は、哲学は「他者との接触によって生まれる偶然性や非決定性に身を晒すことが重要である」という（鷲田2014：151）。そのとき「言葉の肌理や感触（テクスチュア）を強く意識して聴き、語る」ダイアローグの作法を哲学者は求めている。

他者との接触は心理臨床にとどまらず、哲学が生成される場である。その哲学こそソーシャルワークの現場が生み出し続けていくものである。

第7章　ソーシャルワークと医療人類学
――『ヴィータ――遺棄された者たちの生』が教えるもの

遺棄するということ

4章は山奥の精神病院の壁に寄りかかって、私に一言も発しなかったM氏の描写で終わっている。「さようなら」という私に「さようなら」と答えたのは、同じ病室にいた数人の男性の一人だった。外から面会に来る人などめったにない病室で、彼らは好奇心をもって私を見ていただろう。M氏よりずっと若い男性たちだった。

私は無言だったM氏について、その意味を「怒り」だとか「諦め」と解釈してそれ以上推論したり仮説をたてたりはしなかった。しかしそれではアブダクションを否定することになる。長い時間を経て今、私はこの現実に生成されるソーシャルワークは「遺棄」なのだと考える。

ソーシャルワークは人を社会の外側に遺棄する役割も担う。私は養護老人ホームからの退去を求められ、さまざまな病院に電話をかけ断られた。ようやく入院できたこの病院に、私は彼を「遺棄」したのである。その事実をM氏は無言で私に伝えたのである。沈黙ほど強いメッセージはない。

M氏だけでなく精神病院への入院や「老人病院」といわれる病院への入院、また障害者施設や児童養護施設、高齢者施設への入所措置はソーシャルワーカーの仕事である。当事者からみれば、それは社会福祉サービスでも援助でも支援でもなく、「遺棄された」という言葉が一番、本質をついているだろう。

私はソーシャルワーカーというアイデンティティを、このような精神病院の奥に分け入ることで獲得した。1970年に福祉事務所でソーシャルワーカーとして働き出したとき、担当するケースの中に何人も長期に精神病院に入院している人がいた。その人たちに年に最低1回は面会に行き、医師に様子を聞き生活保護費として送っている入院患者日用品費の残額を確認してくるというルーティン化した業務がすぐ始まった。

病院はたいてい神奈川県や東京都、あるいは関東圏のかなり不便な場所にあった。そこを初めて訪れたとき、私はその内部の惨状に衝撃を受けた。まだ精神衛生法の時代だった。

当時アメリカのライシャワー駐日大使を刺した犯人が精神病患者だったため、入院が何よりも重視されていた時代だった。そのため患者との面会は、入院を続けることが前提であった。大学で精神医療について学ばず、生活保護の担当ケースの中に、長期に精神病院に入院している人たちがいることも働き出して初めて知った。このように精神医療の現実に全く無知だったため、病棟の鍵をいくつも開けて入っていく病室や廊下にうずくまる患者の姿は、私に強い衝撃を与えた。

そんな病院を出るときに、事務長から現金が入っている封筒を渡されそうになると、それはここで見たことを誰にも言わないでほしいという意味のようにも感じた。大学を出たばかりの私は、日暮れ近くの山道を転がるように帰った。それは驚きとともに精神医療への強い好奇心を掻き立てたのである。

このような思い出を鮮やかに引き出したのが、ジョアオ・ビールの『ヴィータ――遺棄された者たちの生』（２０１９年）である。著者は医療人類学を専門とする。本書は２００５年にカリフォルニア大学出版から出たときから注目され、マーガレット・ミード賞をはじめとして七つの章を受賞している。私は訳者の一人である桑島薫から訳稿を読ませてもらい、改めて自分が１９７０年から見てきた日本の精神医療の歴史を振り返ることができた。

邦訳は６４０頁の大部で、トルベン・エスケロゥの写真と共に構成されている。その白黒の写真は見る人に悲惨な印象を与えるが、私にはどこか懐かしさがあった。遠く離れたブラジルであるが、施設や精神病院の人たちが所在なくその場にいる姿は私が見てきたものである。

表紙にもなっている写真の、背中を深く曲げて椅子に座る男性の姿は、私が初めて声をかけたときのM氏の姿に近い。胸痛を訴えていると伝えられて私が病院に行った日、私は胸を抱えるようにして椅子に座っている彼の背後から声をかけた。ベッドの横の椅子に後ろ向きに座り、写真の老人のように深く身体を曲げていた。

何よりもこの本では初めから終わりまで、ソーシャルワーカーの姿が途切れない。ソーシャルワーカーは現実を構成する登場人物なのである。

これまでも人類学はソーシャルワーカーを視野に入れてきた。例えばL・L・ラングネス、G・フランク著『ライフヒストリー研究入門――伝記への人類学的アプローチ』（１９９３年）では次のように書かれている。

それぞれのインフォーマントにとって、調査者は、友人、親、ソーシャルワーカー、ときには願望をこめて、ボーイフレンドあるいはガールフレンドの組み合わさったような関係にあったのである。なによりもここに、インフォーマントたちの日常の経験や感情、考え、喜び、問題など、些細なことがらにまで関心を示してくれる、家族以外の有能な大人がいた。つまり調査者は関係当局の人ではなく、ただ愛情と理解を与え、精神遅滞者をほかの人と同じように受け入れられる人間であるという感覚をそなえた人であった。（ラングネス／フランク１８３）

ソーシャルワーカーはここでいうさしずめ「関係当局の人」である。ラングネスらは時にはソーシャルワーカーに代わって介入もしている。人類学研究者のこのような認識を知ると、ソーシャルワーカーの役割の狭さを自覚せざるを得ない。人類学者は研究対象を調査するという一面的な関係だけでなく、ソーシャルワーカーを超えた包括的で倫理的な視点を持っている。

ソーシャルワークが人類学から学ぶことはたくさんある。ビールの書いた本のあちこちのページに登場するソーシャルワーカーとその言葉を追ってみようと思うが、その前に「ヴィータ」について説明しておこう。

「ヴィータ」は南ブラジルのポルト・アレグレ市にある保護施設である。著者自身がこの市の郊外で育ったという。しかしエイズについてブラジルの各地を調べていたにもかかわらず、自分の足元にある「ヴィータ」は知らなかった。

ビールはエイズ対策のコーディネーターに、「あそこは人間の捨て場だ。絶対に行ってみるべきだ。人間が人間に何をするか、今の時代、人間であるとは何を意味するかが、わかると思う」といわれて初めて行った。1995年3月のことである（ビール 2）。

またこの本の主人公カタリナについて、「ヴィータでカタリナが目を引いたのは、他の入所者たちが地面に寝転がったり、隅のほうで丸くなったりしているなかで、彼女だけが動いていたから、というだけの理由だった」という（ビール 3‐4）。高い評価を得た本書はこのようにして始まった。

ビールはそのあと4年間にわたって「ヴィータ」を訪れ調査を続けた。最後にカタリナに会ったのは2003年8月だった。その年の9月15日にカタリナは亡くなる。このときまでに、ビールは過去の病院の記録を医療ソーシャルワーカーを通じて手に入れ、彼女が「マシャド・ジョゼフ病」であることを突き止めている。

「私は、あっちこっちに飛ぶ彼女の話を夢中になって聞いた。テープ録音に加え、ノートにも会話を記録し、彼女が書き続けていた辞書を読み上げ、それについて語り合った。カタリナとの作業を私はおおいに楽しんだ」と書いている（ビール 20‐21）。

「一人の人間について厚い記述をすること」はこうして実現した。ビールは「ソーシャルワーカー」を超えて「親友」だっただろう。この著者ビールのカタリナとの関係に比べれば、「ケースワーク関係」は原則にもとづく浅い関係にすぎない。

この本にはソーシャルワーカーという言葉が頻回に出てくるが、テーマはソーシャルワークではない。「ヴィータ」に遺棄された人間の生を追求する人類学研究である。

しかしあえて私がここでソーシャルワーカーの姿を追うのは、何よりもこの本がテーマとするブラジルの精神医療の全貌が、私が知る1970年以降の日本の精神医療の現実に重なるからである。医療人類学とソーシャルワークは同じフィールドに関心を持っているだけでなく、介入もしている。

「ヴィータ」とソーシャルワーカー

ビールが初めて行ったときの「ヴィータ」には、200人ぐらいの男性が回復棟に、また診療所にも200人ぐらいの入所者がいた。また回復棟を出て周辺の小屋に多くの人が住んでいた。「ヴィータ」は、表向きは「社会復帰支援施設」といわれていても、実際は「人間が遺棄される場所」というのが誰の目にも明らかである。

ブラジルと日本との単純な比較はできないが、私が1980年代半ばからおよそ10年在籍した横浜市旭区は25万の人口だったが、300人いやもっと多い患者を閉鎖病棟に閉じ込めている精神病院が三つもあったと記憶している。

そんな入院患者に同行して外出した日、夕方に小雨が降りだし街の明かりが灯った。「雨に濡れることも、夕方の街の明かりを見ることもなく長い年月を精神病院で生きてきた」という彼のつぶやきを忘れない。彼は駅の切符の自動販売機に驚く浦島太郎であった。それほど長く精神病院に拘束されていた。

ビールとカメラマンのエスケロゥが「ヴィータ」を訪れた初日、ふたりともウジ虫が頭の傷口から出てくる女性を前に身を固くしていた。ただ彼らはそのような「生きながらの死」を見ようと、ここに来た人類学研究者とカメラマンであった。

シーダという、エイズを意味するスペイン語で呼ばれる20代の女性は、「コンセイサン病院のソーシャルワーカーによってヴィータに置き去りにされたのだ」という。誰とも話さず食事もしない女性を連れて行く先は、「ヴィータ」以外になかったのだろう。

最初の衝撃的な経験から2年後の1997年に、ビールは再び「ヴィータ」を訪れる。そのころには「ヴィータは市民が福祉の機能を担うことを奨励した州の新しい法制度を利用していわゆる『公共事業体』として公認」されていた（ビール 81）。構造改革、環境改革が始まっていたのである。

「ヴィータ」の経営責任者オズヴァウド大尉の妻ダウヴァが、ソーシャルワーカーになっている。そして二人は食べ物、住まい、仕事を中心に「市民としての存在（citizenship）回復」に取り組んでいた。仕事で椅子づくりをしているという男性は、「ソーシャルワーカーが俺を登録してくれるから、エイズの障害年金を受け取れるようになる。俺はもう死ぬまでここで暮らしたい」とビールに言う（ビール 85）。

ソーシャルワーカーのダウヴァは、「彼らの未来には死があるだけです。忘れ去られたままです」という責任者の夫の言葉に対し、もう少し楽観的だ。しかし「ある高齢の男性は、家族に棄てられたことに抗議して三日間も絶食していたわ」と話す。それ以外にもさまざまな家族のことを話す。「全員に過去があって、名前もあるんです」と語る。そしてすべての「入所者記録を整理していて、名前のわからない人びとを地元の住民登録所や病院の記録から探し出して、可能な限り、彼らの家族と連絡を取ろうとしていた」（ビール 87 - 88）。

「いつか家族が迎えにきてここから出してくれると期待している人もいます。家族を自分の理想像にあてはめているのだけど、現実はそれとほど遠いですよ」とビールに言う（ビール 88）。家族が来るのは生活保護費を受け取るときや、遺産や相続問題が起こったときだけだという現実を語る。同じ現実が日本にもある。

それでもソーシャルワーカーは福祉や精神科病院、一般診療所との協力関係を築き、患者のためのベッドを確保し衛生的環境に気を配る。ソーシャルワーカーの強い求めで家族に引き取られるわずかな人だけが生き延びる（ビール 92）。そこに「ソーシャルワーカーの献身」があるが、にもかかわらず「ヴィータ」にあるのは死なのである。私はこのようなビールの記述に驚かない。

社会的精神病という病

ビールは１９９７年に、ポルト・アレグレ市のエイズ・ワークショップで「ヴィータ」の民族誌を発表し、その悲惨さを訴えている。しかし「ヴィータ」から出して「入所者を自由にしたところで彼らに行くところがあるのか」という言葉が返ってくる。

私も精神病院の医師にそう言われたことがある。また国からの要請を受けて、長期入院患者の退院促進事業「鳩の会」をやったとき、入院患者の女性に「ここを家と思って暮らしている。だから退院させないでください」と言われたこともある。たしかに家族からも社会からも排除された人にとって、精神病院は終の棲家だった。

2000年、再びビールはカタリナに会いに行く。看護師のクローヴィスが前任者は文字が読めず誤った投薬で死んだ人も多数いたと話し、ソーシャルワーカーのダウヴァが整備したトリアージ・システムによって、患者は身分証明書を所持し家族との連絡も可能になったと話す。それまでは「アバンドナードス（遺棄された人びと）」だった入所者が、「精神病」の枠組みで医療の対象となっていく。ビールは「この投薬が社会的ツールになる過程」に強い関心を寄せる。そしてこういう。

親族、公的機関、精神医学、薬物治療、これらが結びつくことによって、人びとを精神病にしているとはいわないまでも、いかにして人びとの経験に精神病なる形式や価値を付与し、さらには間主観性をつくり変え、遺棄へと橋渡ししていることか。これこそ私が社会的精神病と呼ぶものである。（ビール 154）

「遺棄」という言葉を外しても、精神病と精神科治療の関係は単純ではない。M氏の一連の経過とそこに介入した私の仕事は、M氏に精神病があったとしても治療のための入院といい切れない。息子家族、福祉事務所や養護老人ホームという公的機関、精神医学、精神病院の結びつきによるM氏を遺棄するプロセスともいえるだろう。精神病院の入院とはそういう意味を持っていた。

だからこそM氏は強く抵抗し、その場にいた人たちはいたたまれないような気持ちだった。しかし私たちは市内の養護老人ホームからM氏を山奥の精神病院に半ば強制的に移した。養護老人ホームではM氏の行動をコントロールできないという理由である。ソーシャルワークとはそのような形で存在する実践である。

ビールが関心をもったように、投薬が目に見える社会的ツールに変化した時代が日本にも来た。私が担当する患者たちも色とりどりのたくさんの錠剤が入った袋を見せてくれた。それは1回に飲む量である。しかも1日3回。ブラジルでも「地域のヘルスポスト」で、「機械的に処方箋が出されるのは当たり前」になった（ビール 153）。私もレセプト（診療報酬明細書）で「ハロペリドール、レボメプロマジン、クロルプロマジン、プロメタジン、ビペリデン、ジアゼパム、イミプラミン」というような薬の名前を見た。

ビールの「精神病イコール投薬である」という言葉は、日本とブラジルの精神科医療が別のものではないことを教えてくれた。この本は精神科医療の変化がグローバルなものだったことを示している。

1970年代後半、イタリアのフランコ・バザーリアの『自由こそ治療だ』（1983年）という本が翻訳されて日本でも読まれた。精神病院解体で知られるトリエステの報告も聞いた。精神医療に関して世界は繋がっていた。

「自由こそ治療だ」という言葉に象徴される、精神病院廃止運動や専門横断的なCAPS（心理社会的治療）の設立という外来診療サービスなど、ブラジルの精神科医療の大きな変化の記述のあちこちにソーシャルワーカーという言葉が混じる。

日本でも宇都宮病院に端を発した精神医療の告発と海外からの批判を受け、精神医療改革は

1980年代、大きく動き出した。ブラジルでもそうだったように、日本でも精神医療改革にソーシャルワーカーは大きな役割をはたした。1950年から続く精神衛生法は1987年に精神保健法になった。さらに1995年に精神保健福祉法となり医療と福祉が繋げられた。

入院していた人たちは精神病患者から精神障害者に移行した。それによって医師や看護師だけでなく、福祉専門職であるソーシャルワーカーの参画が不可欠になった。そのため精神保健福祉法によって、精神保健福祉士という資格が創設された。入院から外来通院による治療が一般的になり、精神病院の開放化を進めるイギリスやイタリアの精神医療の情報が詳しく伝えられた。ただブラジルに関して私たちは何も知らなかった。

私は1980年代後半に神奈川県PSW（Psychiatric Social Worker）協会のメンバーとして、弁護士たちと「社会的復権を求めて」というシンポジウムに参加したことがある。今なら大げさに聞こえる「社会的復権」というタイトルに違和感はなかった。だからビールがためらったという「元・人間（ex-human）」という言葉にも抵抗がない（ビール 472）。これはカタリナが口にした「元妻よ」とか「私の元家族」に触発されている。人権とか正義という考え方が存在しない場所にいる人を指している。ビールと同じように私もそれに近い人や場所を知っている。

ビールは「精神医療は心理学者や精神科医だけの問題ではない。むしろコミュニティ全体の問題なのだ」という精神科医ルーベン・フェーロの言葉や精神保健のソーシャルワーカーが「健康こそがもっとも重要な政治的権利だ」と訴えたことなどを紹介している（ビール 194）。このように政治的権利という視点から考えれば、日本でも精神医療改革はソーシャルワークが担った一つの政治運動だった。

そのときに感じた空気が本書と私をつなげた。私も精神科医の集まりに参加したとき、「ソーシャルワーカーに何が分かる」というリアクションを経験した。精神医療が医師だけでなくコミュニティ全体の問題だという認識はまだ生まれていなかったのだ。しかしビールは「精神医療の新しい概念が作られつつあった。すなわちそれは、病理を非生物化し、苦しみを社会化するというものだった」と書いている（ビール１９５）。精神病は医師の専有領域ではなくソーシャルな問題なのである。

そのような空気のなかで私は革新的な医師たちの機関誌『精神医療』に「精神障害者処遇と地域作業所」（『精神医療』56号、１９８５年）、「精神保健法と福祉」（『精神医療』67号、１９８８年）という論文を書いたことがある。精神病患者に対し精神障害者という概念が成立し、精神医療に福祉が接続されたからである。

ソーシャルワーカー・ダウヴァの言葉

ビールとダウヴァの言葉は、私のさまざまな記憶を蘇らせる刺激的なものである。例えばビールは「家族とはつまり『国家内国家』なのだ」という（ビール２７５）。これを読むと70年代初期の保健所で開かれていた「家族会」を思い出す。「家族会」は保健所長がリードし、家族の入院継続のために入院医療費を公費で保障することが最大のテーマであり、そのために議員を招いて陳情する場だった。家族も社会的偏見や精神病への恐れに苦しんでいたに違いない。そして精神病院への入院こそが、家族と社会を守るための解決だと考えていた。

ソーシャルワーカーであるダウヴァのトリアージによって、「ヴィータ」の「利用者数」の安定が実現していく。しかしそこには倫理的ジレンマがある。「私の役割は誰が治療を受け、誰が治療を受けないのか決めることでした。ひどいわよね、誰が生きられて、誰が生きられないかを決めるなんて」（ビール82）。ダウヴァのつぶやきは、ソーシャルワーカーの仕事がこのような社会のなかの選別や家族のあいだでジレンマにさらされていること示している。

私たちが教えられた「成員相互の深い感情的な係り合いで結ばれた第一次的な福祉追求の集団」という家族社会学の定義ほど、家族の現実から遠いものはない。「ポルト・アレグレ病院に入院したら、家族はそれを好機とばかりに利用して、ここに棄てるのよ」とダウヴァはつぶやく。「みんなここにいるべきじゃないのに」家族に棄てられていると嘆き、大半の人は「かつて立派に暮らしていた」と話す（ビール88）。


「いつも飲んだくれるか、クスリをやるかして、結局働けなくなった人たちです。家族も最後には見放して、家の戸を閉ざしてしまった……次から次へと住む場所を変え、だんだん歳をとって道ばたで寝るようになってしまった。でもそれもこれも、実はあの人たちのほうがある時点で家族を棄てると決めたからなんですよ。だから、たった一人で、見も知らない人の情けや警察に頼って、病院に入れてもらうか、こんなところに置き去りにされることになったんだわ」（ビール88）

このダウヴァの言葉は一字一句、私の言葉になる。私は精神病院だけでなく寿地区という横浜の簡易宿泊所地域で多くの人に出会い、これと同じことを感じ『ソーシャルワークの作業場――寿という街』を書いた。その「あとがき」に、この本が「社会福祉学という鋳型なのか、社会学や人類学という鋳型なのか、まだ曖昧なままである」と書いている。振り返ると私と『ヴィータ――遺棄された者たちの生』とのつながりはすでにこのときから始まっていたのだ。

ソーシャルワーカーは目の前の人と家族の両方を見つめている。そしてその間に立って働く。ダウヴァの「あの人たちのほうがある時点で家族を棄てると決めていた」という言葉に私も同意する。ソーシャルワーカーとは家族からも国家からも棄てられた、いやその両方を棄てた人のかたわらに立つ仕事をしているのである。

私も退院を望む患者のために、「一切迷惑をかけない」とまず家族を説得しなければならなかった。その相手の家族が家族会の代表者だった。それに加えて医師からも、病気の再発、再燃を理由に脅かされたり反対されたりした。当時私と患者は、生活保護法の救護施設や更生施設、売春防止法の婦人保護施設をアフターケア施設として活用した。それがその頃の福祉支援だった。

病院を出てもその先に待つ現実に、私も患者も不安を抱えまた失望した。家族の間ではすでに「死んだ人」になっていることもある。ある退院患者の姉妹は、駅で会うことには同意しても自分の家は教えなかった。「病院のなかにも人生はあるよ」と退院する女性に言ってくれた医師の言葉もあったが、「退院したい」という彼女の気持ちに応えることにした。

私もソーシャルワークの経験を、ビールのような医療人類学として記述してみたい。ソーシャルワーク、看護や心理、医療など別々の専門分化した方法は視野が狭くて浅すぎるのだ。

専門職と患者という二者関係では、現実を理解できず説明できない。患者、家族、社会、医療、福祉などすべてを包摂できるのが医療人類学である。『ヴィータ――遺棄された者たちの生』は、その現実のなかにいた人間たちを排除することなく、登場させる。見たこと、聞いたこと、調べたことのすべてを包括できる医療人類学に私は改めて惹きつけられた。

ソーシャルワークと精神医療

ソーシャルワークの研究者は、ソーシャルワークが見えにくい、曖昧だ、分かりにくいと繰り返し書く。そして「実践の根拠に通じる論理の不可視性」を取り上げて、「見える化」を課題だと考えている（平塚２０２２：１）。しかし見えるものでなく「見えないもの」を捉える想像力こそが、実践を生み出す。

また「ソーシャルワーカーは専門職か」とか、「科学的か」、さらには「社会的存在価値はあるか」というような問題提起さえある。残念なことにソーシャルワークを「社会援助技術論」といいかえて、ソーシャルワークの姿を見えにくくしたのは研究者だ。

患者の人権侵害や長期入院という精神医療の闇がメディアを通じて広く社会に知られ、改革は地域精神医療という方向に展開した。病院に閉じ込められてきた患者たちが地域で暮らすようになった。

それは当事者にも家族も含む地域社会にとっても新しい挑戦であった。

生活保護を担当するケースワーカーの私は、部屋探しから「家具什器」といわれる最小限の鍋や食器、一組の布団などを準備し、街のアパートで始まる暮らしに関わった。

繰り返すようだがこのような生活を支えるソーシャルワークがなければ、地域精神医療は成立しなかった。ただ「自由こそ治療だ」というほど現実は簡単に変わるものではない。退院してアパートに暮らす男性の「僕たちは隠れキリシタンだ」という言葉どおり、精神病院からの退院者だということを隠しながらの生活であった。私は街の古いアパートに隠れ棲む人たちのドアをそっとノックした。ビールが書いているように、入院から外来への変化は抗精神薬の開発が大きい。それだけでなく、弁護士たちも社会防衛的な発想で維持されてきた精神病院の開放化に、ソーシャルワーカーとともに戦った。それが精神保健福祉法成立につながった。

当時、福祉事務所や保健所また精神病院のソーシャルワーカーたちは、機関や組織の壁を越えてＰＳＷ（Psychiatric Social Worker）協会を組織していた。「東京都地域精神医療業務研究会」に倣って、私たちは「横浜市地域精神医療業務研究会」を月２回、夜に開催していた。中身は業務だが自主的な研究会だった。そこに医師や看護師、作業療法士なども来た。仕事が終わった夜に行われた研究会こそ、精神医療を変革し新しい地域社会をつくるソーシャルワークの姿だった。

そこではイギリスやイタリアの精神医療の情報の共有だけでなく、今、介入を必要とする緊急ケースについて協議した。精神病院の医師は病院の開放化を進めるだけでなく、退職して個人で開業し外来治療を始めた。このような活動から作業所が生まれグループホームが誕生した。

ソーシャルワークは社会に新しいシステムや場所を生みだす知である。病院に閉じ込められていた患者を援助するだけでなく、私たちも成長し自分も変えられた。あのときの活力に満ちた時間を共有した仲間たちも、同じように回想するに違いない。

このような研究会は、東京や横浜だけでなくほかにもあったようだ。第5章で紹介した帯広・十勝地域は、そのような精神医療改革の先進地域だった。そこに素晴らしいソーシャルワーク実践があったからこそ、私たちはソーシャルワーカーの成長モデル研究のフィールドとして選んだのである。それをここでもう一度取り上げてみたい。

ソーシャルワーカー門屋充郎が、「一人のワーカーとして取り組んだ精神保健福祉活動——帯広・十勝圏域の取り組みから国の施策まで関与した私」を書いている（『社会福祉研究』128号、2017年）。

精神病院のソーシャルワーカーとなった門屋は、「問題だらけの現場」を見て「こんな精神障害者の現実がなぜ起こり続けるのか」と考えた。門屋はソーシャルワークのグローバル定義にある、「ソーシャルワーカーとは社会一般及び個人の発達を形作る社会変革をもたらすことを目的とする専門職である」を柱にして進んだという。その長い実践の日々を次のように書いている。

> 私はこの差別の烙印を負わされ生きづらくなった多くの精神病の人と出会い、彼らの社会的処遇を容認している為政者と行政、その差別的処遇を引き受けてきた精神医療従事者やPSW、とりわけ病院経営と管理運営に責任を持っている精神科医等々に対する憤りが、PSWである

私を40年以上つき動かしてきたのである（門屋69）。

その憤りをもとに北海道の帯広・十勝圏域の「医学モデル」の精神医療を、「生活モデル」に置き換え、彼らを地域で支えてきた。「十勝ＰＳＷ研究会」を核に、地域精神医療を看板とする地域社会、医療システムを創り出してきたことはよく知られている。

その実践は「保健文化賞」や「朝日社会福祉賞」として評価されている。私たちはソーシャルワーカーの成長モデルの研究のため、帯広を訪れ門屋にもインタビューした。

門屋はまたこの地域の仕事だけでなく、１９９７年の精神保健福祉法の成立や「精神保健医療福祉の改革ビジョン」（２００４年）、「障害者総合支援法」（２０１１年）にも参画している。ミクロからマクロまで、また地域社会から国の政策や国際的な活動まで、ソーシャルワークのグローバル定義そのままのソーシャルワークがここにある。

このような現実を知るなら、ソーシャルワークが見えない、曖昧だ、エビデンスに基づかない、専門的でないなどという認識は、ソーシャルワークとは何かという根源的な問いに戻って検証されなければならない。

ソーシャルワークは人間的悲惨に対する憤りから始まる。憤りとは人間に備わった常識的感覚といってもいい。エビデンスや専門的知識が先にあるのではない。

ビールは「クリフォード・ギアーツの常識に関する研究」から次のように引用している。「常識とは世界を親しみ深いもの、あらゆる人が認識でき、また認識すべきもの、そしてそのなかではすべての人が自分の足で立ち、また立つべきものとして描き出す」ものという。また「分別ある市民」が「日常の問題に直面したとき、効果的に意思決定できるように手助けする思考の日常領域である」ともいう（ビール15）。

ソーシャルワーカーとは常識と分別を持つ一人の市民である。門屋の憤りとはこの常識的思考なのである。それが失われている精神医療の現実に憤っているのだ。

『ヴィーター――遺棄された者たちの生』から考えるアブダクション

横浜や北海道でのソーシャルワークは、さらにほかの地域のソーシャルワークにつながった。そのすべてを紹介できないが、私たちはソーシャルワークを言葉で探るのでなく、現実の実践から考えるべきである。それは見えるものであり知ることができるものである。

ビールはソーシャルワークをしっかりと捉えながら、精神医療の問題をソーシャルワーカー以上に論理的に認識している。門屋や私が見てきたように、精神病院への入院がすべてだった歴史は、ブラジルも同じであった。しかし1992年に施行された「連邦法」は、専門横断的な心理社会的治療に舵を切った。ビールはこう書いている。

患者の治療にあたってCAPSの従事者（心理士、精神科医、看護師、栄養士、作業療法士）は、家族関係に加えて、精神病の社会経済的かつ精神力動的な側面を考慮した。彼らはさまざ

まな種類の治療法を用意することで、患者独自の経験を浮かび上がらせ、治療に取り組もうとしていた。（ビール１９７）

「ヴィータ」という限りなく悲惨な場から始まった医療人類学の記述は、精神医療改革運動の先に生まれた実践の先進性を捉えている。この本を読み始めた当初、日本の現実はこれほどひどくはないと感じ、自分が見た日本の現実とブラジルを単純に比較できないと考えた。日本は先進国でありブラジルは途上国だという単純な理解のせいである。

しかし読み進めると、日本のほうがずっと遅れていることが分かる。なぜなら私たちはジュランジール・フレイル・コスタのような医師や、『ヴィータ――遺棄された者たちの生』のような日本の精神医療に関する医療人類学の成果もないからである。

ビールは続けて次のように書いている。

医療知識のための実証主義的な基盤は、自己鍛錬的な内省や「倫理の優位性」に取って代わられた。精神分析医のジュランジール・フレイル・コスタは次のように記している。「患者とケアの専門家が属している共同体や慣習の倫理的な理念を議論しないことには、精神病患者の行動や主体性について語ることはとうていできないはずだ。こうした規範となる理念について明確に認識することなしには、何が精神病的な行為といえるかということさえわからないだろう」。（ビール１９８）

日本でも先にも述べたように70年代から精神医療改革が行われ、精神保健福祉法により入院から外来治療へ、精神病院から地域へと流れは作られたが、これほど明確な理念は医師からもソーシャルワーカーからも発せられていない。

ただ私の横浜市寿地区での経験は、それまでの地域精神医療の視座を大きく変えた。寿地区は精神病患者と思われる人たちが、ホームレスとして集積している特殊な地域だった。

しかし治療や服薬もしつこく管理せず、また異常だ、問題だ、という周りからの苦情もなかった。そのため危険なエピソードがない限り、その人を排除したり入院させたりする必要はなかったのである。1万人ぐらいが住む、かつては日雇い労働者の街だった寿地区が、社会から排除され遺棄された人の居場所だったからである。

そこでは「精神病的な行為」の見方がほかの地域とは違ったのだ。寿地区自体が一つの解放病棟だったともいえる。季節の変わり目に激しく叫ぶ女性がいても、周りの人は表情も変えずそこから離れずに座っていた。そこには病者に対する憐憫のような空気が流れていた。私よりも周りにいる彼らのほうが分かっていると感じながら、私はその前を通り過ぎた。

ブラジルの第10回全国保健会議報告書（１９９６年）は、次のようにソーシャルワークの指針をまとめている。

精神的な苦痛を負う個人への包括的健康支援は、健康サービスへの家族とコミュニティの参与

> が第一に優先されるべきである。精神医療や病院が中心的な役割を果たす医療モデルではなく地域医療機関や心理社会的治療、苦痛を負っている人たちが（自立できるまで）一時的に暮らせる住居、外来クリニック、また必要に応じて総合病院での短期入院に切り替えられるべきである。（中略）すべての施政は、精神的苦痛を負う人びとが市民としての権利をまっとうし、その主体性を復活させることを礎とする、人間的で倫理的な、社会復帰のための支援を確かなものとする計画を策定しなくてはならない。（ビール　１９９９－２０００　傍点原文）

このように「ヴィータ」を取り巻く社会は、確固とした理念と具体的な指針を掲げたのである。門屋も「医学モデル中心の精神医療にあって、生活モデルによる生活支援を行う専門職としてのＰＳＷの役割を強く意識してきた」と書いている（門屋　２０１７：71）。

それは「医学モデル」という科学的合理性に基づく方法すなわちリダクション、インダクションの実践ではなく、アブダクションという方法論、認識論に立つということである。

「医学モデル」と「生活モデル」

門屋がいう「医学モデル」と「生活モデル」について、少し掘り下げておこう。これまで書いてきたようにまたビールがいうように、精神病の持つ社会的な意味はほかの疾患と異なる。それは病気に対する人びとの恐怖感や深い偏見、治療の困難さによって、隔離、収容の長い歴史をもたらした。

病気によって引き起こされる事件と社会的防衛という一面だけでなく、病気と社会環境との相互作用の解明は難しい課題である。単純に医学的な診断で結論が出せない人間の持つ世界に、私たちは目を凝らさなければならない。また近年は病気によるアクティブな行動化ではなく、引きこもる自閉性に関心が寄せられている。

1970年に足を踏み入れた精神病院で、私はその歴史と現実を目の当たりにした。こんなこともあった。家族会主催のシンポジウムで、退院後の地域生活支援について話したときのことである。突然一人の父親が立ち上がり、「こんな議論は無駄だ。今いる家族から金を集め、病気を治す薬の開発を進めることだ」と言ったのだ。

また精神科クリニックで開かれている研究会に参加した後、「私たちは医者に病気を治してほしいと望んでいるのであって、生き方を教えてほしいと思ってはいないのよ」と言って、病気を経験した女性は電車を降りていった。

病気であるなら近代医学の力、科学の進歩によって解決できるだろうという強い希望を私たちは共有している。そのために抗精神薬の開発は世界を巻き込み、日本でもブラジルでも同じような薬が大量に提供された。病気を治す薬、病気を治す医学の科学的合理性への信頼が「医学モデル」の強みである。

EBP（Evidence-Based Practice）すなわちエビデンスに基づく実践は医学だけでなく、ソーシャルワークにも及んでいた。『社会診断』（リッチモンド）という古典的文献に由来しているのか、専門職として医師をモデルにしてきたソーシャルワークの歴史なのか、職場の事例検討会は「ケース診断会議」といわれていた。

「診断する」というのは、医師が病気について結論づけるという垂直的な構造である。そして会議の場でもまたカンファレンスのときも、医師がその人にどのような病名をつけ、どのような治療方針を示したかという情報が重視された。

その結果が精神病院の長期入院という現実を生み出したともいえよう。まさに「医学モデル」がもたらした現実であった。その人権侵害の状況に対し、ソーシャルワークの側から「生活モデル」による生活支援が実践された。ただ「生活モデル」という概念はそれほど単純ではない。ここでは「生活」という極めて日常的な日本語で表現されているが、次のようなソーシャルワーク理論の経緯があることを確認しておく必要がある。

「生活モデル」という言葉は、アメリカのソーシャルワーク理論の「ライフモデル」の日本語訳である。１９７６年にカレル・ジャーメインとアレックス・ギターマンの二人が、「ソーシャルワーク実践――ライフモデル」という論文を書いた。ソーシャルワークは人と環境との相互作用の場に介入する仕事であるという定義である。そこには「生活上の問題（problems in living）」がある。

「ライフモデル」は「生活モデル」と訳されて、日本のソーシャルワークのテキストに紹介された。「生活モデル」という概念は、生活の場にいるソーシャルワーカーに力を与えた。言葉はそれを使う現実や領域によって新しい意味を生み出す。「生活モデル」という言葉は、「医学モデル」に対抗する理論的意味を持った。

ただ稲沢公一の論文「ジャーメインのライフモデル論」（２００６年）では、ジャーメインらの「ライフモデル論」は、一般システム論と自我心理学を生態学という学問でつなげた試論に過ぎないといわれている。人と社会的環境の相互関係は簡単に整理できる代物ではない。だからこそシステム論、心理学、生態学などを動員して、ソーシャルワークのテーマである「環境のなかの人」を解明しようとジャーメインらは考えたのだろう。

新しいソーシャルワーク理論として、「生活モデル」がソーシャルワーカーの目の前に提示されると、システム論、自我心理学、生態学などは一知半解のまま、その理論を学ぼうとした。ともかくソーシャルワークは医療に対抗する理論を求めていたのである。

しかし一部の研究者にしか届かない英語の文献であるために、日本では中途半端な要約や、訳された日本語をもとにソーシャルワーカーは考えることになる。このようにこれまで日本におけるソーシャルワーク理論は、他の理論もふくめ、きわめて曲折を孕んだまま流布してきた。

「ライフモデル論」について、稲沢は次のようなマンコフスキーの批判を紹介している。すなわち、

（つまり、）生態学的アナロジーに基づいて、人と環境とを何らかの「もの」のように考え、何らかの境界が存在するかのように理論を構成しているが、実際には、そんな境界は目に見える形で実在するわけではないし、システムを構成するとされる要素も、とりわけ環境の側については、都合のいいように選ばれているだけであって、ましてや、交互作用などという概念も物理的なシステムのアナロジー（熱交換など）に過ぎないというわけである。（稲沢 147）

また稲沢自身も次のように批判する。

（たしかに）人と環境とを包括的に把握し記述することは、たとえば、アセスメント項目を増やしていけば可能になる。だが、人と環境についてのアセスメントが可能だとしても、両者が交互作用をしていることをどのように記述するのかは不明瞭なままである。実際、エコマップなどでも、本人と家族や友人などとの対人関係、あるいは、教師やサービス機関の援助者との対人関係などは記入されるものの、もし、人と環境との相互作用と呼ばれるものがそうした対人関係だけに尽きるのであれば、わざわざ相互作用などという概念を持ち出す意義はどこにあるのか問われなければならない。（稲沢 １４６）

そして次のように結論づける。

（しかし）観察や実験なら可能であっても、直接的な援助実践において、客観性を確保することとはどの程度求められるのか、あるいは、客観性よりも、クライエント独自の捉え方、すなわち、現実に対する本人の主観的な受け取り方をこそ重視すべきではないかといった疑義が提出されるようになってきたのである。（稲沢 １４７）。

最初からソーシャルワーカーは、このような疑義を理論に対して感じてきた。ソーシャルワーク実践は「ソーシャルワークの理論や方法・技術の単なる適用にとどまらず、また単純に何らかのソーシャルワークのアプローチや実践モデルをあてはめたらどうなるか、などという営みでもない」からである（空閑 2016：4）。

このような疑義や批判は、アプローチやモデル、人と環境の相互作用などを、「理論と実践」というくくり方で説明するアカデミズムの権威の前に埋もれてしまったのである。

これまでの説明で「生活モデル」の理論的な背景が少し見えてきた。英語から日本語へあるいは日本文化へという曲折はあるが、「ライフモデル」が日本語で「生活モデル」と訳され、システム論や生態学と切り離されても、それによって精神医療改革を進めるソーシャルワークの実践が切り拓かれたのは事実である。

しかし「医学モデル」と「生活モデル」という、単純な二項対立の発想を見直す必要がある。私たちが「モデル」や「定式化」を手放すとき、同時に単純な二項対立の発想にも自覚的でなければならない。医療もまた「医学モデル」という言葉で片づけられるものではない。このような単純な思考がもたらしてきた罠から、自由にさせてくれるものが経験である。

ビールが導くソーシャルワークの知

『ヴィータ――遺棄された者たちの生』は、現実が「医学モデル」と「生活モデル」という二項対立で成立しないことを教えてくれる。何よりもソーシャルワーカーは生活を知っている専門職だ。

人びとは病院では患者でも、生活の場に戻れば生活の主人公である。「生活モデル」という日本語が「ライフモデル」を超えて私たちに力を与えたのはそのせいである。

私はある難病の患者について医師と面談したとき、患者の生活している部屋を見に来るように医師に言った。そして医師は来た。それは私たちの間にある「医学モデル」と「生活モデル」の解体作業であった。

２畳もない簡易宿泊所の部屋が見せる生活の営みの多様さに引き込まれて、私は『ソーシャルワークの作業場――寿という街』を書いた。そして私もビールのように、言葉にできない部分は写真で補った。

しかしソーシャルワークは生活を支援するだけではない。生活を管理し時には生活を奪うものである。私はそのどちらもやってきた。私にはビールの次のような言葉が一番納得できる。

> 倫理的な実践として、介護は人間の存在に関わる価値を持っている。それは善をおこなう手段だが、同時に悪の可能性とも密接に絡んでいる。ケアの技術《テクノロジー》は黙殺の技術《テクノロジー》にもなりうる。（中略）関係性の実践としてよりも技術的な介入としてケアを考案した結果、もたらされたものは――人びとの遺棄や死には非常に大きなニーズがあるのだ――、現代に特有なある種の悪だったのだ。（ビール　578）

ソーシャルワークは専門化、科学化を追い求めてきたが、このような「悪の可能性」については口をつぐんでいる。ビールは「ヴィータ」に自分の親や兄姉を遺棄しなければ、自分たちの生活が立ちゆかないという社会的、経済的側面を見つめている。日本でも同じだ。M氏も山奥の精神病院に入院しなければ、息子家族の生活が成り立たないことを理解していた。

これをビールは次のように言葉にする。

ケアを装った黙殺というこの形態は、家族と職場の関係を変性させ、共同体の価値観や優先順位をつくり直したあげくに、経済的な見通しや生きる機会までも変えていく。ケアと黙殺をめぐるローカルなパターンは、こうして、より大きな社会的プロセスや善と悪に対する人間の根本的な潜在力を照らし出す。(中略)ケアを提供すること、また、自分のケアと他人のケアの間にある一筋縄ではいかない関係性をともに再考し、その方向を転換していくこと。そのためには多くの努力が求められる。(ビール 579)

本書にはアブダクション、そして、未来志向の知というキーワードにつながる重要な記述がある。最後に少し長いがそれを引用しておきたい。

人びとの生きるための苦闘や、自分自身と他人に対する展望、すなわち彼らの人生の物語は、いかにして支配理論や介入に風穴を開け、生きることの多様性を解き放つのか。それは常に静止することなく、多義的で、矛盾をはらみ、単一の語り《ナラティブ》に還元できず、未来へと投影され、認識されることで変容する。そうしたことがすべて、オルタナティブな世界を創造するための、まさに基礎構造なのだ。これこそが生きられた世界に内在するものであり、いかに周縁的で不明瞭であろうと、それは常に昇華と創造力という形をとる。こうした衝動は制度的な力によって抑圧されるものの、それと同時に人間に備わった力でもあり、それが持続し政治的な価値を獲得していくためには、社会からの認知と配慮を必要としている。（ビール５９４－５９５）

少し分かりにくいこの記述は、ソーシャルワークに向かって語りかけていると感じるのである。さらに次に続く記述を読んでほしい。

微細なふるまい、ちりばめられた配慮、生と希望がかろうじて続いている、孤立して待つ瞬間。これらは民族誌に記録される単なる脚注ではない。むしろこれこそが、道徳的な想像力やオルタナティブな政治が現れてくるかもしれない場なのだ。現実について説明しているうちに民族誌が息絶えてしまうことがないように、創造的な方法を見つけなくてはならない。生と世界の現実に絶えず応答するからこそ、人類学的探究には芸術が生まれる潜在的可能性があるのだ。顧みられなかった人間の能力を呼び覚まし、理解と想像の限界を拡張するならば――まだ出会っていない人びとの物語が、そこにある。私たち自身を含めて。（ビール５９５）

これは６００頁を超える本書の「あとがき」の、さらに最後の部分である。このなかの「民族誌」

「人類学的研究」をソーシャルワークに置き換えて読んでいただきたい。ソーシャルワークをアブダクティブに展開する方法はビールによって導かれる。

ソーシャルワークは「微細なふるまい」や「ちりばめられた配慮」で成り立っている。それが「道徳的な想像力やオルタナティブな政治」をもたらし、精神医療は改革された。ソーシャルワークは「生と世界の現実に絶えず応答する」ものである。「理解と想像の限界」を押し広げていくアブダクションによって実現する実践である。実践こそがソーシャルワークと共に民族誌を創造するのである。

終章　ソーシャルワークという「動く知」

ブトゥリム再読

ソーシャルワークをアブダクションによって編み直さなければという強い動機が、本書の原点にあった。そしてここまでさまざまな視点から、また自らの経験を交えてソーシャルワークに目を向けてきた。

ここで改めてソーシャルワークそのものに戻ってみよう。ゾフィア・T・ブトゥリム著『ソーシャルワークとは何か――その本質と機能』（1986年）は、著者の幅広い知見をもとに整理された論理展開と読みやすい訳文もあって、私の大切な一冊だった。なかでも引用されたマクドゥーガルの次の言葉を忘れない。ブトゥリムはこれを正しいと認めることを求めている。

われわれは、われわれの専門職としての生活を、朝九時から夕方五時までの仕事の顔ですることはできない。私は、他の関心事に対するニーズに気づいているし、クライエントの問題を持ち帰りたくない気持ちがあることもよく知っている。これらの兆候は、大切なことである。しかし、専門職というのは、ひとつの生き方であって、たんなる仕事ではないのである。（ブトゥリム85）

自治体職員としてソーシャルワークをする私が、大多数を占める一般職の公務員のなかにいて感じる、仕事に対する気持ちの違いを丁寧に説明してくれた言葉である。天職だとか専門職だと気負ってはいないが、同僚のソーシャルワーカーたちにも共通する姿だった。

ソーシャルワークという言葉はすでに日本語であるが、私たちはその源流である英語圏への関心に戻っていくことを続けてきた。ソーシャルワークの答えはそこにあると考えていた。その一方、社会福祉原論や政策論の研究者が、主にアメリカを中心とする翻訳そのままのソーシャルワーク理論に対して日本社会に根づいていないと批判的な言葉を残している。

自然科学はもとより社会科学も研究は世界とつながっている。ソーシャルワークの研究もその流れの中にあった。そして日本の研究者による翻訳のおかげで、私たちは重要なソーシャルワークの文献を日本語で読むことができた。ソーシャルワーカーはそれらの基本文献を読み、ソーシャルワークを日本社会のなかで実践してきたのである。そのようにして実践が日本にソーシャルワークを根づかせたのである。

なかでもブトゥリムのこの本は、日本がイギリスの社会福祉制度や政策をモデルにし、またその関連の研究も多いため理解しやすかった。また訳者の川田誉音が著者のもとで学んだという経緯に加えて、何よりもブトゥリムのソーシャルワークについての考え方が実践をふまえ、論考が現実から離れないからである。そして幅広い知見が冷静な視点を伝えている。

「英国のソーシャルワークは、公的機関と強く結びついていた」（ブトゥリム）と言われているが、日本でも民間ではなく行政を中心に戦後ソーシャルワークが導入された。私が在籍した横浜市は、1965年には社会福祉職という職種を作り、福祉事務所や児童相談所、更生相談所、公立施設、公立病院などに配属した。そこで生活保護、障害者福祉、児童福祉、高齢者福祉の法律に基づく権限を持ちながら、ソーシャルワークを実践していた。

ブトゥリムは「民間福祉機関で働くアメリカのワーカーたち」と違い、英国では法律や政府、自治体の政策、価値観に縛られ、ソーシャルワーカーの自律性や裁量の範囲が狭かったという。それも日本の現実と同じだった。ソーシャルワークはイギリスで生まれアメリカで発展したといわれるが、イギリスや日本でソーシャルワークが実践的にも理論的にも、アメリカほど展開しなかったのは、このような構造があるからだろう。

著者のブトゥリムはロンドンの病院で医療ソーシャルワーカーとして働いた後、ロンドン大学の教員となっている。ブトゥリムは「ソーシャルワークの本質を論じるために一冊の本が必要であると思われたこと自体、注目すべきことである」と書きだしている。その理由を法律、医療、看護、教育、建築などの専門職と異なるソーシャルワークの曖昧な特質があるからだという（ブトゥリム iv）。

その曖昧さはソーシャルワークが若い専門職であること、特定社会の時代や構造に結びついて、一貫性や論理性がなく変化し、揺れ動きやすいためであるとブトゥリムは考えている。しかしこの一貫性や論理性がないこと、揺れ動くというソーシャルワークの本質を否定する科学的、合理的思考や客観主義を第一とすることによって、ソーシャルワーク研究は実際の現実から離れていった。ブトゥリムはこの思考を批判し続けている。

科学的知識や合理的思考というソーシャルワークが乗り違えた列車から降りるために、ブトゥリムをもう一度読み直してみた。

ジェネラリスト・ソーシャルワークの問い直し

リニューアルされた『ソーシャルワーク研究』第1号（2023年1月）によると、日本ソーシャルワーク学会で「『ジェネラリスト・ソーシャルワーク』からの理論的・実践的問い直し」というシンポジウムが行われたと報じられている（横山2023：66）。

ジェネラリスト・ソーシャルワークの包括的な定義は「現代におけるソーシャルワークを構成する知識、技術、価値を一体的、体系的に構造化し、現代社会の生活問題に対応することが可能な特質や新しい福祉思想などの考え方を包含する体系」だという（山辺2011：226）。

ただ根拠とする「ソーシャルワークのグローバル定義」にはジェネラリスト・ソーシャルワークという言葉はない。「スペシャリストと比較して、非専門的と感じるかもしれない」（高良2022：7）というが、対比される「スペシャリスト・ソーシャルワーク」という概念も明確にされていない。

ブトゥリムはソーシャルワークについてこういう。「ソーシャルワークとは、専門的活動の一種であって、社会的機能の問題に介入することに関心をもつものである」（ブトゥリム12）。ジェネリックというのはこのようなソーシャルワークそのものを指す言葉ではないだろうか。

社会的機能は『社会福祉実践の共通基盤』（1989年）の著者H・M・バートレットが、ソーシャルワークの鍵概念としたものである。これは時代や場所が変わろうとも人間が社会的存在であり、内的世界と外的世界との相互作用によって生きている、複雑な社会的存在であるという意味をあらわしている。

バートレットは多くの社会科学的知見をもって人間の現実を「状況のなかの人」ととらえ、「状況の中で人びとが果たすべき固有の課題と、課題に立ち向かう対処能力」に目を凝らした。バートレットの理論をブトゥリムは先のソーシャルワークの定義に導いているのである。ジェネリックとはこのように包括的かつ一般的に定義することであり、ソーシャルワークは社会的実践として、これまでもこれからも時代や場所をこえて求められる人間の役割である。

ここでは「社会的機能の問題に介入する」という行為が重要である。介入すると日本語で書くと、状況や相手に直接的な行動をぶつけるようなイメージがある。たとえば児童虐待の状況で子どもを親から分離し一時保護するような、強く現実を変えていくイメージである。

しかし社会的機能に関心をもちかかわることが介入である。相談に来た人の話を聴く、施設のなかで入所している人をケアする、見守り寄り添う、具体的な問題について語り合う、必要なサービスや社会資源を提供するという私たちのソーシャルワークの経験の全体が介入である。

目の前の人と状況に関心をもってかかわる仕事がソーシャルワークであり、ジェネリックに成立する。スペシャリストと比較して非専門的なものではない。それがソーシャルワークの特質であり専門性である。

もしそうでない「ジェネリック」があるなら、「スペシフィック」の専門性についても明確にしなければならない。ブトゥリムはこう説明する。「理解を導く知識の獲得には、より抽象的な概念による把握と、それらをより特定の脈絡で考える場合の両方が必要なのである」（ブトゥリム 103）。現実は一般性をもちながらすべて個別である。

ジェネリックとスペシフィックという概念について、「ソーシャルワーク実践がたえず特定のものにかかわっているということは、認めなければならない。つまり、特定のクライエントとワーカーが、特定の組織において、直面している特定の状況を理解するという問題なのである」とティムズの言葉を引用している（ブトゥリム 103-104）。

したがってジェネラリスト・ソーシャルワークあるいはジェネラル・ソーシャルワーカーという技法や職種があるのではなく、ソーシャルワーカーはその配属された場所で、つねにジェネラリストでありながらスペシフィックに活動するのである。そのようにして与えられた場で役割をはたす。2章で書いた女子大学生の事例を見ても、スペシフィックな知識なしにソーシャルワークは展開できない。そしてそれが有効だった。

ソーシャルワーカーは配属された領域で、自分が関わる現実や状況の中で、スペシャリストとして仕事をすることを要求される。そのために必要な知識や技術を学ぶのである。私は福祉事務所から発達障害の児童施設に異動したその日から、関係する本を読み始め、また「ティーチ（ＴＥＡＣＣＨ）プログラム」という自閉症の子どもにかかわる方法に関する研修会に参加した。もちろん家族や地域についてもこれまで以上に考えた。

「科学とアート」

ブトゥリムは「ソーシャルワーク実践を発展させ進歩させようと思うなら、個々の実践者のさまざまな経験と気づきを蓄積しなければならない」と考えている（ブトゥリム１０６）。しかし大学の教員としてアカデミズムの中で専門的知識の構築という作業に入ったとき、その理論が一般的に演繹的知識と帰納的知識という二面性によって構成されるというルールにぶつかった。現場の実践者から大学の研究者になったブトゥリムと私は、同じような戸惑いを抱えたのだ。

しかし演繹法と帰納法という論理はソーシャルワーカーだったブトゥリムにとって「挑発的な課題」だった。もちろんブトゥリムはアブダクションという第三の論理に到達していない。そのため科学と芸術という二元論に行きついている。

> 実践経験からの概念化がうまくできないことが、すでに述べたような、ソーシャルワークにおける「科学的」な要素と「芸術的 artistic」な要素の二元論を生む要因になってきたのであろう。（ブトゥリム１０７）

ブトゥリムはソーシャルワークの不確かさ、曖昧さ、状況依存性、個別性、感情や直感などの主観性という特質を芸術的要素といい、これらを「科学的要素」と統合しようという方向性をもっていた。スピノザ、ミード、ポッパー、アリストテレス、数学者クラインなどを引き合いに出しながら、統合を目指す苦闘のプロセスを明らかにしている。

しかし統合はできず、「人間という素材」とそれにかかわるソーシャルワークにふさわしい研究が、科学的知識だけでは解決しないものであり、概念化できないものがあると繰り返し述べている。また医学モデルに倣ってソーシャルワークに現れたさまざまな実践モデルを検証し、それらが「適当に統合するにはほど遠いほどの諸理論からひきだされた知識の混合物《アマルガム》である」こと、「どれ一つとして十分なモデルはない」と結論づけた（ブトゥリム 45-48）。

たどりついたのはスティーブンソンの次のような言葉である。ソーシャルワーカーが求めているのは「知識の体系」ではなく「家を建てるよりも、強くて持ち運びができ、どのようにでも使えるテント」のような知の枠組みなのだという（ブトゥリム 95）。

ところでブトゥリムが悩む科学的要素と芸術的要素の二元論は、今もソーシャルワーク理論のなかに、そのまま残されている。山辺朗子は「合理的思考に基づく科学的側面が基盤とされるべき」と主張する一方、続けて次のように書いている。

それが創造的に混合され、展開する場面では、「ソーシャルワークのアート」の側面が活用される。このような、ソーシャルワークの科学とアートの側面は矛盾するものではなく、どちらかといえば補完的であり、知識と価値と技術の活用の中に科学とアートが融合される必要がある。（山辺 2011：99）

また平塚も「ソーシャルワークにおける科学とアートの関係をめぐる論点」を、さまざまな文献をもとに論考している。そしてこれまで「アートと科学の関係」について、「架橋論」「共存論」「融合論」あるいは「相互補強論」などがあったという。

平塚は「実践の知」「科学の知」「規範の知」と、ソーシャルワークの知を三つに分け「実践の知」を「アートの知」とする。そしてこの「実践の知＝アートの知」が「ソーシャルワークの知の源」と考える。そのために科学化するには「アートの理論化」「アートの世界を紐解く」ことが前提であるとして、それを「見える化」することに挑んでいる。

その結果「7次元統合体モデル」が構築される。それはソーシャルワーカーの「溜め込まれたアートの知」を可視化しようという悪戦苦闘である。ソーシャルワーカーの「内なる世界で織りなされる知」、ソーシャルワーカーの「身の内」で起きる「判断や選択」を突き止めようとする一種無謀な作業になっている。「諸感覚や直感、諸知識、諸経験、諸能力」に続けて、「合理的思考や内省的思考、批判的思考、創造的思考」とあらゆる思考スタイルを列挙する。そのため見えない「内なる世界」にある「アートの知」は一層混沌としている（平塚 2022：18－25）。

ソーシャルワーカーの「内なる世界」に「アートの知」があるとしても、それは生まれては消え、消えては生まれる時と状況の中で動く思考である。見える形に固まらないものが実践知の特質である。動き変化する思考が実践という行為をもたらす。またその知は、ソーシャルワーカーの「内なる世界」にだけ成立するものではない。

たとえば夫からの長年の身体的、精神的暴力すなわちドメスティック・バイオレンス（ＤＶ）を訴えて相談に来た女性がいる。ここではまずＤＶの理解とＤＶ法、また女性や子どもが求めるシェルターや母子生活支援施設の緊急一時保護機能などについての知識が必要である。またこの問題への介入は、女性の人権や尊厳につながるフェミニズムの視点なしには展開できない。また介入や解決の方向は、相談する女性自身が主体となって進められる。

ソーシャルワーカーは知識や情報を相手に伝え、また相手の女性が何を優先し望んでいるかを知らなければならない。子どもの気持ち、夫の反応や行動を予測し、さらなる被害やリスクを推測する。二者関係だけでなく利用できる他機関と協議しなければならない。

ソーシャルワークは「ソーシャルワーカーの内なる世界で織りなされる」観念ではなく、状況の中の人と社会的機能に介入し次の現実を構築する共同作業である。ソーシャルワーカーの認識構造の外に生まれる一つひとつの現実なのである。３章で紹介した「ごみ袋を買って来る」と言って姿を消した女性はその現実である。

ソーシャルワークと科学

「暗黙知」という概念があるように、私たちの思考は言葉以上のものである。ありのままの現実を受け入れ、その特質にそった論理を選ばなければならない。平塚は「ソーシャルワークにおけるアートと科学の関係をめぐる論点」として1958年のイートンからポストモダンの思考まで、またブトゥリムやバートレット他、さまざまな研究を整理し、科学とアートの関係をめぐる論争に光をあてている（平塚2022：15－26）。

山辺の「科学とアート」論では、「ソーシャルワークは合理的思考に基づく科学的側面が基盤とされるべきである」と繰り返され、科学的側面として「抽象性」「明示性」「厳密性」「間主観性」「経験的妥当性」などの概念を並べる。その一方アートについてはなにも説明していない（山辺99－100）。

ソーシャルワーク理論の要である科学とアートの統合はどのように具体化されるのだろう。「あなたの知識は科学的ではない」とか「その意見は理論的ではない」と研究者はソーシャルワーカーに向かって言ってきた。しかしその一方で「あなたのソーシャルワーク実践はアートと統合していない」と、もう一つの要素であるアートについて指摘することはない。そこに「アート低位」（平塚）がある。

このように科学的知識については示しても、アートについては手つかずである。それどころか科学として示される概念が、ブトゥリムの指摘するように「知識の混合物《アマルガム》」である。高良はジェネラリスト・ソーシャルワークについて、「システム理論、エコロジカル理論、エコロジカル・パースペクティブ、ストレングスモデル、エンパワーメントアプローチはジェネラリスト・ソーシャルワーク実践の基盤となる理論であり、十分な理解が不可欠となる」と述べている（高良２０２２：13）。これもまた「知識の混合物《アマルガム》」ではないだろうか。すでに90年代から、システム論やライフモデルについて「根本的な疑義」が突きつけられてきたという稲沢の論文を7章で紹介した。

　私たちにはブトゥリムの冷静で深い知見が必要である。「科学とアートが融合して展開する」とか「補完する」という考え方を、原点に戻って再考するところから始めなくてはならない。「科学とアート」という考え方そのものが、「理性と直感」あるいは「合理性と非合理性」という二項対立であり、科学を「称賛し」「高い地位を与え」、アートを非合理的で非科学的として「低い地位」においている。心理学や精神医学にくわしい哲学者は、二分化できない人の非合理性が重要なテーマだと考えている（ボルトロッティ２０１９：１３３）。

　先にも述べたようにソーシャルワークは、その言葉どおり社会的な場における相互作用であり、社会が抱える問題への介入なのである。しかし時間も社会資源も限られており、ケアとコントロールという複雑な役割を求められている。また求められる責任と制約のジレンマの中で進められる。まさに「ダーティーな仕事」であるだけでなく非合理そのものである。

　ブトゥリムは「ソーシャルワークは『やさしさ』や『常識』の問題にすぎないとみられ、親切心があれば誰にでもできるものとみなされている」と書いている。「特別な、高度な専門性をもっているものとはおよそ信じがたいだろう」という人びとのまなざしがあるからこそ、この本を書いたのである。そしてソーシャルワークのもつ哲学や思考の深さや広さを明らかにした。

ソーシャルワークは、歴史的には個人的なまた宗教的な意識に基づいた慈善活動からの展開だった。そこでは芸術的側面のような創発性や人間的エネルギーこそ重要な要素だった。「近代のアートが旗印にした人間の自由、個性、ユニークな主張」（塚本２００８：１０８）を無視して科学的志向だけでは成立しないことを研究者たちもわかっていた。しかしソーシャルワークは科学を称賛する一方、アートには十分目をやらなかった。

その後イギリスやアメリカだけでなく、日本でもソーシャルワークの理論は蓄積され、専門職養成の教育システムが作られている。また社会福祉制度や専門機関が整い、今日ソーシャルワークという実践は世界で共有されている。しかし肝心なアートという言葉は放置されたままだった。

アートという言葉

ソーシャルワークを「援助技術」とか「相談援助」という日本語におきかえると、ソーシャルワークのケアとコントロールの二面性や包括性が失われる。常々私はそう考えてきた。ここではアートという日本語とソーシャルワークの関係を考えてみたい。

科学的知識では片付かないソーシャルワークの実践や経験を、ブトゥリムは「芸術的要素 artistic」と表現している。訳者の川田はこのように英語を残して表記し、アートというカタカナにしていない。この訳書の特徴として、日本語訳に英語を残すスタイルが多用されている。

芸術という言葉にも違和感があるが、artisticという英語を芸術という日本語にするとアートという言葉の包括性が失われる。ブトゥリムは「概念化できない」経験を、科学的要素に対して二項対立的に芸術的要素としたのだが、リサ・ポルトロッティがいうようにそもそも人間の活動や行為は科学的概念や言葉にできない部分で成り立っている。

ブトゥリムは、実際に経験するソーシャルワークは直感や洞察、また感情、偶発性などが大切な役割をはたし、知識や道徳はそれと一体であるという認識に立つ。直感、あるいは勘やまた洞察もその背後にはその人の知識や経験また人間観がある。そのため概念化されないことをアートという一語にしてしまうことで、このような内容が失われてしまう。

7章で取り上げた「ライフモデル」も「生活モデル」と言いかえると、英語の辞書ではじめに出てくるライフの「生命」「生存」「人生」というような幅広い意味ではなく、目の前の現実的な生活問題になってしまう。英語と日本語のこのような齟齬《そご》は、英語圏の文献からソーシャルワークを考えてきた私たちの落とし穴だった。

アートについても同様だ。今私たちはアートという日本語の言葉からどのような理解に到達するだろうか。今日、外に目を向ければアートは隆盛を極めている。絵画、音楽、写真、ダンス、建築などアートから導かれる世界は広い。広辞苑では「一定の材料・技術・身体などを駆使して、鑑賞的価値を創出する人間の活動及びその所産」と定義されている。

すでに見てきたように、アートという言葉はソーシャルワークの文脈の中で無防備に使われているが、ソーシャルワークには「鑑賞的価値の創出」はない。科学的知識に関する概念を列挙するが、その一方で概念化できないものをアートという言葉に放擲《ほうてき》してしまう乱暴な理論になってしまう。アートは自由で創造的な行動を通じてさまざまものを生み出す。一方ソーシャルワークは時代や文化、法律や制度、環境またクライエントとの相互作用で現実化する社会的行為である。ソーシャルワーカーだけが主体になって進められるものではない。アートとは対極の社会的制約をもつ。

これまでアートという言葉の中に放擲してきたものこそ、私たちが取り出して見なければならないソーシャルワークである。

「芸と術の間」にあるもの

哲学者の塚本明子は「芸と術の間」（１９８９年）という論文で冒頭にこう書いている。

本論は技能についての考察である。かつて芸術《アート》と技術《アート》は同じ名前でよばれていた。（塚本15）

塚本は論文「芸と術の間」で単に芸術作品の言いかえとしてのアートではなく、どのようにアートが創造されるのかというパーフォーマンス・アートという人間の行為に関心を寄せている。ソーシャルワークの文脈で使われるアートは、人間の行動に対して言われていると考えると、この論文とソーシャルワークがつながる。

さらに塚本は芸術を芸と術に分け、さらにアートを「科学との境界線の相互のゆらぎを問題にする」ところまで引っ張っていく。ソーシャルワークが「原理的に言語化されにくい」特質をもつからこそ、その部分をアートとよんできた。ここでそのアートを掘り下げることで私たちは新しい地平に立つことができる。その特質に近づくことができる。

他の専門職が「私たちもソーシャルワークをやっている」と言う時、人がもつ常識や倫理、知性など基本的な人間観に基づく活動がイメージされている。また塚本は歌手や横綱などを引き合いに出し、パーフォーミング・アートとして「あらかじめ分かっている」私たちの認識を示す。それは「本能的、直感的、どうすればよいか分かっている」知識である。

ここで働く知識ないし知性は、知っている／知らないという二値関係をなす命題的なものではなく、よりよく知るという知識の程度（degree）があり、また、むしろ何か障害が起こったとき、問題が起こったときにうまく対処できるための能力であり、批判的な判断力である、とライルはしている。（塚本 23）

ソーシャルワークはこのようなアートとの共通基盤を科学的ではないと排除してきた。さらに塚本は論文「芸と術の間その2——即興を中心に」（1991年）で次のようなライルの言葉を引用している。

〔つまり〕人間の行為にはある意味で、常に即興という面があり、我々の意思の遂行に対し、我々の身体にせよ、道具にせよ、周囲の状況にせよ、決して従順でも協力的でもない。「失敗」の原因はいくらでもある。そのような中で臨機応変、どのようにやり遂げていくかが、ライルのいう「どのようにやるかの知識」であり、熟練と技能における「考え《シンキング》」の課題である。
（塚本　１５１　傍点原文）

ライルの言葉はソーシャルワークの経験そのものである。ソーシャルワークの経験が言語化されないまま、しかしソーシャルワークは創造され、機能している。この現実を理論化しなければという強迫的な意識が、ソーシャルワークの特質を見失わせてしまった。

ソーシャルワークは固有な理論にもとづく特別な実践ではない。すばやく考えすばやく行動する。芸と術の間にあるものを掘り下げていくことで、私たちはソーシャルワークのアートを知ることができる。

また「デューイは芸術は経験であり、経験は芸術であると考え、われわれがすべてすることを美的な方向に拡張した時に芸術となる、と考えた」（塚本　１５９）。ならば、美的な方向へ拡張することはないソーシャルワークのアートとの距離も明らかになる。塚本はデューイのこの言葉について、個人的経験と芸術の「地続き性」を示し新しい専門家の実像を探るものだと考えている。

ソーシャルワークと「動く知」

本書は冒頭、アブダクションによってソーシャルワークの理論を編み直すという意気込んだ言葉で始めた。それは演繹法、帰納法に対してアブダクションという第三の論理を武器に立ち向かうような強い姿勢で、読み直すと肩に力が入っていると感じる。少し力を抜いて広い知の世界に漂ってみよう。

塚本は「芸と術の間」その1からその4という論文の後、『動く知フロネーシス——経験にひらかれた実践知』（2008年）という本を上梓した。その第二章の三「芸と術の間——コリンウッドの美学」で、イギリスの哲学者コリンウッド（R.G.Collingwood コリングウッドという表記もある）の『芸術の原理』（1938年）をとりあげている。

塚本はその本でテクネー（技術）とアートの絡み合いをテーマにしているが、コリンウッドの芸術についての考え方は、テクネーの誘惑を見極めかつそこにある人間の経験をフロネーシス的な「動く知」としてとらえていると説明する。平塚が引用したイートンの「ソーシャルワークは科学であり、アートだ」（1958年）という言葉は、そのままテクネーとアートが絡み合っているという意味を伝える。そこに同じイギリスで発表された『芸術の原理』の影響を感じる。

ソーシャルワークを援助技術という日本語にした背景には、このテクネー（技術化）の誘惑があり、ソーシャルワークというと、すぐに「技術論」「方法論」と言い直されたことがある。科学的、合理的思考を強調する背後にはテクネーへの信頼があるからだ。

「科学とアート」という枠組みは、技術でなければそれは直感であるとか、科学は客観的知識、芸術は主観的自由という二項対立に行きつく。残念だがソーシャルワークはこの二項対立を手放すことなく来てしまったのだ。

塚本は次のようにわかりやすく倫理知フロネーシスについて述べている。

> 倫理知フロネーシスが持つ経験のスタイルは具体的な個人の生き方にかかわるものであり、たとえばある人がした勇気ある行動は、それとして抽象化される勇気というものが入っている行為というよりも、その人らしい勇気ということである。その意味でこれまでになかった、その場で初めてなされた勇気ある行動でありながら、それでいてその人らしい勇気がほかの人が見てわかり、それを真似し、そのようなスタイルでやってみようと内側から学べるような普遍性があるということである。（塚本 345　傍点原文）

私は大阪で起きた2児置き去り死事件をとりあげた論文「『逸脱した母親』とソーシャルワーク」で、介入しない関係機関やソーシャルワーカーを批判した（須藤 2015）。

3歳と1歳の子どもがマンションに置き去りにされ、近隣から子どもの泣き声がすると通報されていたにもかかわらず、児童相談所のソーシャルワーカーは子どもの状況を確認しなかった。子どもは腐乱に近い状態で発見されている。

警察や家主などとともに鍵を開けて家に入るという「勇気ある行動」がない。難しいことではない。私はこれを「ソーシャルワークの敗北」と書いたが、この経験からソーシャルワーカーが学ぶことは、自分の気持ちや不安、危機感に基づいてその時、その場で勇気ある行動をとることだ。

同様なリスクをはらむ現実を児童相談所のスーパーバイザーとして経験し、「ソーシャルワーカーを導く知」という論文に書いた（須藤 2009）。ソーシャルワークの価値や技術以前にその場において「勇気ある行動」が必要であり、それを学び倫理知フロネーシスの経験を「真似し」、行動に移さなければならない。塚本のいうフロネーシスをさらに読んでみよう。

重要なのは現場での洞察と判断がいるということであり、特定の行為を決定するような前提がアクティブに働いていなければならないということである。フロネーシスは状況判断が適切でなければ正しく働かない。（塚本 346 傍点原文）

塚本はこのような現場における「いま・ここ」での洞察や判断という即興的能力を倫理的知フロネーシスに結びつけ、「新しい専門知」とした。

このようにフロネーシスの働くところは常に不確実性と曖昧さに満ちた現場であって、それは個別のケースに直面し、具体的な場で重要なものにピントを合わせ、明確な形を見てとる知なのだということがわかる。われわれが実例から学ぶのはこのゆえである。（塚本 350）

ここにソーシャルワークに向けた知がある。合理的思考にそぐわないものをアートという袋の中に放擲してきた道を戻らなければならない。

そこにあるのが塚本のいう「動く知」フロネーシスである。それは「行為知」フロネーシス、「倫理知」フロネーシスまた「為す知」フロネーシスとさまざまにいい換えられている。気づいたら働いていたという特質をもち、テクネーとともに働く知であるという。

「実例から学ぶ」こと、「重要なのは現場での洞察と判断」「特定の行為を決定するような前提がアクティヴに働いていなければならない」、また「フロネーシスは状況判断が適切でなければ正しく働かない」などフロネーシスは、ソーシャルワーク感覚そのものに重なる（塚本３４６）。

そして塚本が哲学の高い山に挑み導き出した「新しい専門知－即興能力」とは、私たちソーシャルワーカーが持っている倫理や知識、知恵や賢さ、判断力なのである。塚本は最後に次のようにいう。

> テクネーの圧倒的な圧力の中で、テクネーでないものに耳を傾け、「正しく」待つしかない。われわれに残された道は、自らの経験と習慣を超える方法を自らの経験のなかから見出すという至難の業である。そこで重要なのは、自分がどちらを向いているかを絶えず考え、経験を積む中で少しずつよりよい方向へ向かおうとすることであろう。（塚本３５６　傍点原文）

専門知はソーシャルワークの文献の中にあるのではない。しかし正しい方向に向けて進んでいく止まることない作業が必要である。その意味で「至難の業」といえるだろう。

あとがきにかえて

本を読み始めるとき、最後の「あとがき」を読んでから始めに戻る癖がある。そうすると本への親しみが湧く。そう言う人は珍しくない。ただ本書は普通なら「あとがき」に書くような最終講義のエピソードから書き始めた。

ＪＡＳＷ（日本ソーシャルワーカー協会）の会報（２０２０年10月１３９号）の「随想」に、この本の構想を書いている。「プロの作家とは書くのをやめないアマチュアである」という好きな言葉を添えて、作家気分で書き進めていると気取っている私がいる。

そのように書く作業を公にすることで原稿のリアリティは生まれた。同時にヘウレーカの大野祐子さんにも自分の企画を伝え現実性を担保した。それは小説を書いている人が、どこかの賞をめざして書くことと同じである。

自分がたまたま踏み込んでしまったソーシャルワークという広場。それもソーシャルワーカーという仕事としてだけでなく、短い時間だったとはいえ大学で研究、教育という立場から、ソーシャルワークにさらに近づいた私のなかにたまり続けていた堆積物を外に出しておきたかった。

原稿に一区切りつけた後でも、ソーシャルワークについてのわだかまりはさらにたまりそうだった。たとえば次のような記事を読んだ。

質問：私は、特養の相談員ですが、毎日の仕事にはお決まりの手順があり、入所者のお世話はケアプランやリハビリ計画等に基づいてなされています。そのような中、ソーシャルワーカーとして、業務のどれをソーシャルワーク実践と考えればいいのでしょうか?（「ソーシャルワークQ&A」JASW会報2024年4月148号）

これに対する「こたえ」は、ソーシャルワーカーの倫理綱領にある「人間の尊厳、人権、社会正義、集団的責任、多様性の尊重という全人間的価値」を守り「学問的（普遍的）な原則によって実践すること」となっている。

同じときに届いた専門誌では、「福祉人材」「福祉の担い手」に対して、「ソーシャルワークの『価値、知識、方法、技術』を用いて援助していく」こと、「援助プロセスで生じる困難を乗り切る源が召命観であり、それが福祉の価値の根底にある」と書かれている（2024年4月『社会福祉研究』第149号）。

どちらも否定しようのない正統性がある。私は「召命観」を口にしたことはないが、人間の尊厳をはじめとする倫理綱領、また「価値、知識、方法、技術」というソーシャルワークの「理論」や現場におけるケアプランやリハビリ計画という仕事の正統的言説が、「質問」にあるようなソーシャルワーカーの空虚感を生み出している。

ソーシャルワーカーは考えながら実践する。そこに新たな現象や状況を見て推論し試み前に進む。その思考のなかから自分の言葉や認識が生まれる。ソーシャルワーカーだけではなく誰もがしている行動や行為の本質である。自ら考え実践するこのような思考プロセスを排除した「こたえ」にソーシャルワーカーは納得できないだろう。

アブダクションモデルとしてソーシャルワークを考えることでソーシャルワークは復活する。これまでの「正統的知識」を手放し、非正統的思考からソーシャルワークの空洞化を乗り越えようじゃないか、というのが書くのをやめないアマチュア研究者である私の問題提起である。

私の度重なる修正作業に辛抱強くつきあってくれたヘウレーカの大野祐子さんに心からお礼申しあげたい。

2024年11月　ようやく訪れた秋の始まりの日に

須藤八千代

文献

相澤譲治・津田耕一編（1998）『事例を通して学ぶ社会福祉援助』相川書房
アンダーソン、ネルス／広田康生訳（1999）『ホーボー――ホームレスの人たちの社会学』ハーベスト社
砂金玲子（1990）『ニューヨークの光と影』朝日新聞社
今井むつみ・秋田喜美（2023）『言語の本質――ことばはどう生まれ、進化したか』中央公論新社
今田高俊（1986）『自己組織性――社会理論の復活』創文社
稲沢公一（2006）「ジャーメインのライフモデル論」『現代福祉研究』6巻、法政大学現代福祉学部
ウィリアムソン、ティモシー／廣瀬覚訳（2023）『哲学の方法』岩波書店
上野正道（2022）『ジョン・デューイ――民主主義と教育の哲学』岩波書店
大出晁（2004）『知識革命の系譜学――古代オリエントから17世紀科学革命まで』岩波書店
岡田朋子（2010）『支援困難事例の分析調査――重複する生活課題と政策とのかかわり』ミネルヴァ書房
岡本民夫・平塚良子編著（2010）『新しいソーシャルワークの展開』ミネルヴァ書房
尾崎新編（1999）『「ゆらぐ」ことのできる力――ゆらぎと社会福祉実践』誠信書房
尾崎新編（2002）『「現場」のちから――社会福祉実践における現場とは何か』誠信書房
葛西俊治（2005）「解釈的心理学研究における理論的基盤とアブダクションに基づくモデル構成法」『札幌学院大学人文学会紀要』78号
葛西俊治（2013）「アブダクションに基づく拡充法――臨床心理学における質的アプローチのために」『札幌学院大学人文学会紀要』94号
門屋充郎（2017）「一人のワーカーとして取り組んだ精神保健福祉活動――帯広・十勝圏域の取り組みから国の施策まで関与した私」『社会福祉研究』128号、鉄道弘済会
兼松左知子（2009）『街を浮遊する少女たちへ――新宿で〈待つ〉〈聴く〉を続けて五〇年』岩波書店
兼松左知子（1987）『閉じられた履歴書――新宿・性を売る女たちの30年』朝日新聞社

加茂陽編（２０００）『ソーシャルワーク理論を学ぶ人のために』世界思想社
萱間真美（１９９９）「精神分裂病者に対する訪問ケアに用いられる熟練看護職の看護技術――保健婦、訪問看護婦のケア実践の分析」『看護研究』32巻1号、医学書院
北川清一・松岡敦子・村田典子（２００７）『演習形式によるクリティカル・ソーシャルワークの学び――内省的思考と脱構築分析の方法』中央法規
空閑浩人（２０１６）『ソーシャルワーク論』ミネルヴァ書房
空閑浩人（２０２１）「社会福祉専門職としてのソーシャルワーカー」『社会福祉セミナー』ＮＨＫ出版
空閑浩人編著（２０１２）『ソーシャルワーカー論――「かかわり続ける専門職」のアイデンティティ』ミネルヴァ書房
鯨岡峻（２００２）「事例研究の質を高めるために――関与観察とエピソード記述の周辺」『スポーツ運動学研究』15巻、日本スポーツ運動学会
クルター、ジェフ／西阪仰訳（１９９８）『心の社会的構成――ヴィトゲンシュタイン派エスノメソドロジーの視点』新曜社
高良麻子・佐々木千里編著（２０２２）『複合化・多様化した課題に対応する ジェネラリスト・ソーシャルワークを実践するために――スクールソーシャルワークの事例から』かもがわ出版
篠原恵一（２０２１）「その人が答えを持っている――私を変えたある母との出会い」宮下慧子・須藤八千代編著『母と子の未来へのまなざし――母子生活支援施設カサ・デ・サンタマリアの25年』ヘウレーカ
下山晴彦（２００５）「日本の臨床心理学にとっての質的研究の意義」伊東哲司、能智正博、田中共子編『動きながら識る、関わりながら考える――心理学における質的研究の実践』ナカニシヤ出版
シュッツ、アルフレッド／森川眞規雄・浜日出夫訳（１９８０）『現象学的社会学』紀伊國屋書店
シュミット、ジル／半田文穂訳（１９８５）『自由こそ治療だ――イタリア精神病院解体のレポート』悠久書房
ショーン、ドナルド／佐藤学・秋田喜代美訳（２００１）『専門家の知恵――反省的実践家は行為しながら考える』ゆみる出版

ショーン、ドナルド／柳沢昌一・三輪健二監訳（2007）『省察的実践とは何か――プロフェッショナルの行為と思考』鳳書房
杉本貴代栄・須藤八千代編著（2004）『私はソーシャルワーカー――福祉の現場で働く女性21人の仕事と生活』学陽書房
杉本貴代栄・須藤八千代・岡田朋子（2009）『ソーシャルワーカーの仕事生活――福祉の現場で働くということ』学陽書房
須藤八千代（1995）『歩く日――私のフィールドノート』ゆみる出版
須藤八千代（1999）「ソーシャルワーク実践における曖昧性とゆらぎのもつ意味」尾崎新編『「ゆらぐ」ことのできる力――ゆらぎと社会福祉実践』誠信書房
須藤八千代（2002）「ソーシャルワークの経験」尾崎新編『「現場」のちから――社会福祉実践における現場とは何か』誠信書房
須藤八千代（2004）『ソーシャルワークの作業場――寿という街』誠信書房
須藤八千代（2009）「ソーシャルワーカーを導く知」杉本貴代栄・須藤八千代・岡田朋子編著『ソーシャルワーカーの仕事と生活』学陽書房
須藤八千代（2010）「ソーシャルワーカーの熟達――看護、教育における研究とDreyfusモデルの検証」『愛知県立大学教育福祉学部論集』58号
須藤八千代（2015）「逸脱した母親とソーシャルワーク――大阪2児置き去り死事件」乙部由子・山口佐和子・伊里タミ子編著『社会福祉とジェンダー　杉本貴代栄先生退職記念論集』ミネルヴァ書房
須藤八千代・土井良多江子・湯澤直美・景山ゆみ子（2005）『相談の理論化と実践――相談の女性学から女性支援《エンパワーメント》へ』新水社
須藤八千代・土井良多江子編著（2016）『相談の力――男女共同参画社会と相談員の仕事』明石書店
ソンプソン、ニール／杉本敏夫訳（2004）『ソーシャルワークとは何か――基礎と展望』晃洋書房
朱喜哲（2024）『100分 de 名著　ローティ「偶然性・アイロニー・連帯」』2024年2月号、NHK出

版
塚本明子（1989）「芸と術の間その1」『比較文化研究』28号、東京大学教養学部比較文化研究所
塚本明子（1991）「芸と術の間その2――即興を中心に」『比較文化研究』29号、東京大学教養学部比較文化研究所
塚本明子（1992）「芸と術の間その3」『比較文化研究』30号、東京大学教養学部比較文化研究所
塚本明子（1994）「芸と術の間その4――テクニックとスタイル」『比較文化研究』33号、東京大学教養学部比較文化研究所
塚本明子（2008）『動く知フロネーシス――経験にひらかれた実践知』ゆみる出版
デイヴィス、ウイリアム・H／赤木昭夫訳（1990）『パースの認識論』産業図書
ドレイファス、ヘンリー／蟹池陽一訳（2008）「心的作用の神話の克服――哲学者が日常的な熟達者的知識の現象学からどのように恩恵を受け得るか」『思想』7月号、№1011、岩波書店
中村雄二郎（1992）『臨床の知とは何か』岩波書店
長岡利貞（2010）『電話相談――現在のアジール』ほんの森出版
西村ユミ（2018）『語りかける身体――看護ケアの現象学』講談社学術文庫
野村幸正（2009）『熟達心理学の構想――生の体験から行為の理論へ』関西大学出版部
バートレット、ハリエット・M／小松源助訳（1989）『社会福祉実践の共通基盤』ミネルヴァ書房
バイステック、F・P／尾崎新・福田俊子・原田和幸訳（2006）『ケースワークの原則――援助関係を形成する技法』誠信書房
ビール、ジョアオ／エスケロゥ、トルベン／桑島薫・水野友美子訳（2019）『ヴィータ――遺棄された者たちの生』みすず書房
平塚良子編著（2022）『ソーシャルワークを『語り』から『見える化』する――7次元統合体モデルによる解析』ミネルヴァ書房
ファーガスン、イアン／石倉康次・市井吉興監訳（2012）『ソーシャルワークの復権――新自由主義への挑戦

と社会正義の確立』クリエイツかもがわ
ブトゥリム、ゾフィア・T／川田誉音訳（1986）『ソーシャルワークとは何か――その本質と機能』川島書店
ブルーマー、ハーバード／後藤将之訳（1991）『シンボリック相互作用論――パースペクティヴと方法』勁草書房
ブルデュ、ピエール／今村仁司・港道隆訳（2001）『実践感覚Ⅰ』みすず書房
ベイトソン、グレゴリー／佐藤良明訳（2022）『精神と自然――生きた世界の認識論』岩波書店
ペイン、マルコム／竹内和利訳（2019）『ソーシャルワークの専門性とは何か』ゆみる出版
ベナー、パトリシア／井部俊子訳（2005）『ベナー看護論――初心者から達人へ』医学書院
ボルトロッテイ、リサ／鴻浩介訳（2019）『非合理性』岩波書店
松葉祥一（2011）「開かれた現象学的研究方法」『看護研究』44巻1号
三島亜紀子（2007）『社会福祉学の〈科学〉性――ソーシャルワーカーは専門職か？』勁草書房
三島亜紀子（2017）『社会福祉学は「社会」をどう捉えてきたのか――ソーシャルワークのグローバル定義における専門職像』勁草書房
三宅玲子（2022）「女子大生はなぜ乳児を殺めたのか―― 〝自首〟もわからない『境界知能』の実態」『文藝春秋』2月号、378〜385頁
宮坂道夫（2020）『対話と承認のケア――ナラティヴが生み出す世界』医学書院
宮下慧子・須藤八千代編著（2021）『母と子の未来へのまなざし――母子生活支援施設カサ・デ・サンタマリアの25年』ヘウレーカ
森岡清美・望月嵩（1997）『新しい家族社会学』培風館
武者利光（1998）『ゆらぎの発想――1／fゆらぎの謎にせまる』NHK出版
村川治彦（2012）「経験を記述するための言語と論理」『看護研究』45巻4号、324‐336頁、医学書院
山辺朗子（2011）『ジェネラリスト・ソーシャルワークの基盤と展開――総合的包括的な支援の確立に向けて』ミネルヴァ書房

横山登志子（2023）「『ジェネラリスト・ソーシャルワーク』からの理論的・実践的問い直し――日本ソーシャルワーク学会第39回大会の学会企画シンポジウム報告」『ソーシャルワーク研究』1巻1号、中央法規

横山登志子・須藤八千代・大嶋栄子編著（2020）『ジェンダーからソーシャルワークを問う』ヘウレーカ

吉浜文洋（2018）『看護的思考の探究――「医療の不確実性」とプラグマティズム』ゆみる出版

米盛裕二（2007）『アブダクション――仮説と発見の論理』勁草書房

ラングネス、ルイス・L／G・フランク／米山俊直・小林多寿子訳（1993）『ライフヒストリー研究入門――伝記への人類学的アプローチ』ミネルヴァ書房

レイヴ、ジーン／ウェンガー、エティエンヌ／佐伯胖訳（1993）『状況に埋め込まれた学習――正統的周辺参加』産業図書

ロルフ、ゲーリー／塚本明子訳（2017）『看護実践のアポリア――D・ショーン《省察的実践論》の挑戦』ゆみる出版

鷲田清一（1997）『現象学の視線――分散する理性』講談社

鷲田清一（1999）『「聴く」ことの力――臨床哲学試論』阪急コミュニケーションズ

鷲田清一（2014）『哲学の使い方』岩波書店

外国語文献

Grobman,Linda May,ed(1999) *Days in the Lives of Social Workers*, White Hat Communication

須藤八千代（すどう・やちよ）
愛知県立大学名誉教授
著書に『ジェンダーからソーシャルワークを問う』(2020年、共著)、『母と子の未来へのまなざし――母子生活支援施設カサ・デ・サンタマリアの25年』(2021年、共著) ともにヘウレーカ。『婦人保護施設と売春・貧困・DV問題』(2013年、共著)、『相談の力――男女共同参画社会と相談員の仕事』(2015年、共著)、訳書に『フェミニストソーシャルワーク――福祉国家・グローバリゼーション・脱専門職主義』(2015年) ともに明石書店、他多数。

ソーシャルワークとアブダクション
未来志向の知がもたらす実践

2025年1月10日　初版第1刷発行

著　者　　須藤八千代

発行者　　大野祐子／森本直樹
発行所　　合同会社 ヘウレーカ
http://heureka-books.com
〒180-0002　東京都武蔵野市吉祥寺東町 2-43-11
TEL : 0422-77-4368　FAX : 0422-77-4368
装　幀　　上野かおる
印刷・製本　株式会社精文堂印刷

ISBN 978-4-909753-20-5　C0036
落丁・乱丁本はお取り替えいたします。定価はカバーに表示してあります。